これからの病院経営を担う人材

医療経営士テキスト

第5版

医療・介護の連携

地域包括ケアと病院経営

中 級【専門講座】

橋爪 章

4

日本医療企画

はじめに

●2021（令和3）年度介護報酬改定は、介護保険制度における歴史的一里塚

　介護報酬の2021（令和3）年度改定が実施された。2000（平成12）年に介護保険制度が始まってから3年ごとに報酬改定が行われているが、過去、臨時の改定として、2005（平成17）年に居住費と食費の見直しのための改定、2014（平成26）年に消費税引き上げに対応した改定、2017（平成29）年に介護人材の処遇改善のための改定、2019（平成31）年に消費税引き上げへの対応と介護人材の処遇改善のための改定が行われているので、11回目の改定である。

　2006（平成18）年までの初期の改定と2015（平成27）年の改定はマイナス改定であったが、他の改定はプラス改定であった。2021年度改定も0.70％のプラス改定であるが、うち0.05％は2021年9月末までの新型コロナウイルス感染症に対応するための特例的な評価であるので改定幅は小さい。

　介護保険制度は、戦後のベビーブームに生まれた団塊の世代がすべて75歳以上になる2025年になっても社会保障体制が維持できることを喫緊の目標として制度設計されたものであるので、今回の改定は総仕上げの改定であるといっても過言ではない。無論、今後も時代の要請に応えた改定が続くであろうし、第二次ベビーブームに生まれた団塊ジュニア世代が65歳以上となり現役世代が激減する2040年問題を乗り切るための、省力化、効率化を追求した改革も行われるであろうが、介護需要に量的に対応する各種サービスの大枠を整え、さらに、PDCAサイクルの推進によって質的向上を図る「科学的介護」の道筋を付けた今回の介護報酬改定は、介護保険制度の歴史上の一里塚とされるであろう。

　医療保険制度は、制度体系としては熟成しているが、財源の壁に直面している。財源としての税財源の拡大は、税収不足で国家財政が危機にある限りは、ほとんど期待薄である。保険料の上昇も窓口負担の上昇も、国民皆保険を維持するためには、限界に近づいている。医療保険の財源の伸びの確保方策は八方塞がりで、従前のように、医療サービスの拡大に呼応して医療保険の財源が拡大していく保障はない。日本国憲法の第25条に国の努力義務として「社会福祉、社会保障及び公衆衛生の向上及び増進」が定められているため、国は社会保障の向上に努力しなければならないが、「社会保障制度改革推進法」（2012［平成24］年）と「持続可能な社会保障制度の確立を図るための改革の推進に関する法律」（2013

［平成25］年）のともに第一条に、『受益と負担の均衡がとれた持続可能な社会保障制度』という概念が打ち出されているので、国は、財源負担とのバランスを崩すほどの社会保障の充実までは努力しなくてもよくなっている。

2012年以降は、医療サービスの伸びに合わせて財源を拡大する社会保障から、財源の伸びに合わせて医療サービスの伸びを抑制する社会保障へと、大きく舵が切られている。医療や介護を必要とする高齢者数が確実に増加してゆく中、今後は、厳しい財源制約のもとで、増大する医療・介護需要を賄うことを至上命題とした政策が強化されていく。高コストの入院医療・入院看取りから低コストの在宅医療・在宅看取りへの、さらには、高コストの医療保険から低コストの介護保険への、ダイナミックなコスト構造の変革が目論まれているのは明らかである。

病院完結型医療に依存した医療経営は、顧客を在宅医療や介護事業へと奪われ、やがて行き詰まってしまうかもしれない。この構造改革の波を捉えることができるか否かが、今後の医療経営の成否を握ることになり、そのためには介護保険制度とその発展の方向性の把握が肝要である。

　介護保険制度においては、解決すべき課題として、当初より中重度の要介護者や認知症高齢者への対応がクローズアップされていたが、課題解決の試行錯誤の中で、多職種連携の重要性が再認識され、地域包括ケアの概念が発展してきた。地域包括ケアシステムの構築と推進こそが課題解決の要とされ、医療と介護の連携は地域包括ケアシステムの重要な要素となっており、連携に資する具体策が、改定のたびに重点的に評価されている。本テキストでは、第1章で介護をとりまく状況について、第2章で地域包括ケアシステムについて、第3章で介護保険制度のしくみについて、第4章から第11章で各種サービス類型についての解説を行っているが、医療と介護の連携に関する重要なサービスについては詳説している。

　本テキストを通じて介護保険制度への理解を深め、これからの医療経営のヒントを掴んでいただくことを願うものである。

橋爪　章

目 次
contents

はじめに──2021（令和3）年度介護報酬改定は、
　　　　介護保険制度における歴史的一里塚 ························ ii

第 1 章 概論 ── 介護をとりまく状況

1	介護需要の変遷 ··· 2
2	これからの介護需要 ·· 5
3	介護保険制度改革 ··· 7
4	2021（令和3）年度介護報酬改定の要点 ············· 10

第 2 章 地域包括ケアシステムの推進

1	地域包括ケアとは ··· 16
2	地域包括ケアの5つの構成要素 ························· 18
3	システム構築における公助、共助、自助、互助による組み合わせ··· 19
4	中核機関としての地域包括支援センターの役割 ·············· 20
5	地域ケア会議 ··· 23
6	地域包括ケアシステムの具体化 ························· 25

第 3 章 介護保険制度のしくみ

1	診療報酬と異なる介護サービスの単位制 ············· 30
2	介護報酬の算定と請求 ······································ 32
3	介護サービスの種類 ·· 34
4	要介護認定 ·· 36
5	介護支援専門員（ケアマネジャー） ···················· 38
6	介護職 ·· 40
7	介護保険事業の開業 ··· 42

第 4 章　訪問系サービス

1	訪問介護 …………………………………………………	46
2	定期巡回・随時対応型訪問介護看護〈地域密着型〉………	49
3	夜間対応型訪問介護〈地域密着型〉……………………	50
4	訪問入浴介護 ……………………………………………	51
5	訪問看護 …………………………………………………	52
6	訪問リハビリテーション ………………………………	54
7	居宅療養管理指導 ………………………………………	55

第 5 章　通所系サービス

1	通所介護・地域密着型通所介護 ………………………	60
2	療養通所介護〈地域密着型〉……………………………	62
3	認知症対応型通所介護〈地域密着型〉…………………	64
4	通所リハビリテーション………………………………	66

第 6 章　短期入所系サービス

1	短期入所生活介護 ………………………………………	72
2	短期入所療養介護 ………………………………………	74

第 7 章　多機能系サービス

1	小規模多機能型居宅介護〈地域密着型〉………………	80
2	看護小規模多機能型居宅介護〈地域密着型〉…………	82

第 **8** 章 福祉用具・住宅改修等

1 福祉用具貸与・特定福祉用具販売 ……………………………… 88
2 高齢者住宅改修費用助成制度 …………………………………… 90

第 **9** 章 居宅介護支援

1 居宅介護支援・介護予防支援 …………………………………… 94

第 **10** 章 居住系サービス

1 特定施設入居者生活介護・地域密着型特定施設入居者生活介護 …… 102
2 認知症対応型共同生活介護〈地域密着型〉 …………………… 106

第 **11** 章 施設系サービス

1 介護老人福祉施設・地域密着型介護老人福祉施設 ………… 112
2 介護老人保健施設 ………………………………………………… 114
3 介護療養型医療施設 ……………………………………………… 115
4 介護医療院 ………………………………………………………… 116

おわりに——質の飛躍的向上、技術の汎用化、現場の省力化が期待される
科学的介護の導入・推進 …………………………………… 126

第1章

概論——介護をとりまく状況

1 介護需要の変遷
2 これからの介護需要
3 介護保険制度改革
4 2021（令和3）年度介護報酬改定の要点

介護需要の変遷

1　上昇し続ける被保険者、要介護認定者、サービス利用者の数

　介護保険制度は、2000（平成12）年の制度創設以来20年以上が経過し、2000年4月に比し2021（令和3）年3月においては、65歳以上の被保険者数が1.7倍の3,579万人（日本の人口の約3割）に増加するなかで、要介護（要支援）認定者数は3.1倍の682万人（被保険者数の2割弱）に増加し、サービス利用者数は3.9倍の578万人（認定者数の9割弱）に増加している。

　要介護度別の認定者数は、要介護5が2.0倍の59万人、要介護4が2.5倍の85万人、要介護3が2.9倍の91万人、要介護2が3.0倍の117万人、要介護1が2.5倍の140万人、要支援（1と2の計）が6.6倍の191万人である。

　サービス利用者については、在宅サービス利用者数が4.1倍の395万人、施設サービス利用者数が1.8倍の96万人、制度創設時にはなく、2006（平成18）年4月の介護保険制度改正により創設された地域密着型サービス利用者数が87万人となっている。軽度の認定者数の増加が大きいが、軽度の認定者を対象とした在宅サービスや地域密着型サービスの充実を反映しているものと思われる。

2　サービスの充実から抑制へのパラダイムチェンジの可能性

　サービス利用者数の増加に伴い、2000年度が3.2兆円であった介護保険の保険給付費は、2020（令和2）年度は3.6倍の11.5兆円となっている。保険給付費の伸びに応じて受益者が納めるべき保険料も伸びるのは当然のことであるが、制度創設時には全国平均月額2,911円であった65歳以上が支払う保険料（第1号保険料）が、2021年度以降は月額6,000円を超えるまでになっている。現時点で介護保険の恩恵を受けていない8割強の第1号保険者にとっては、年金から天引きされる月額6,000円は決して小さな額ではなく、負担感が大きい。

　65歳以上が支払う保険料は介護給付費財源の23％に相当し、27％は40~64歳が支払う保険料（第2号保険料）で、25％は国庫負担金、12.5％は都道府県負担金、12.5％は市町村負担金が充てられている。これまでと同様に今後も介護保険サービスが充実し続けると

すれば、第1号保険料のみならず、第2号保険料負担も税負担も拡大し続けることになるが、これ以上の負担は困難だとの世論が台頭すれば、介護保険サービスは充実から抑制へのパラダイムチェンジが起きることになる。

3 人手不足の介護職員

　介護保険サービス利用者数の増加に伴い、介護保険給付の対象となる介護サービス事業所、介護保険施設に従事する職員数も増加しているが、介護関係職種の有効求人倍率は他業種より高い水準で推移しており、慢性的な人手不足の状態である（図1-1、図1-2）。厚生労働省「令和元年賃金構造基本統計調査」によれば、全産業計の平均年齢42.4歳の勤続年数11.0年、賞与込み給与37.3万円に対し、介護職員（ホームヘルパー、福祉施設介護員）では平均年齢43.1歳、勤続年数7.1年、賞与込み給与28.8万円であり、給与水準が低い。

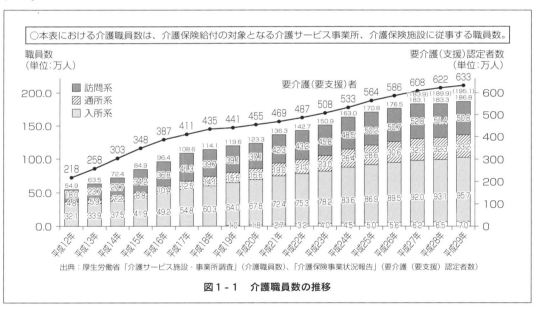

図1-1　介護職員数の推移

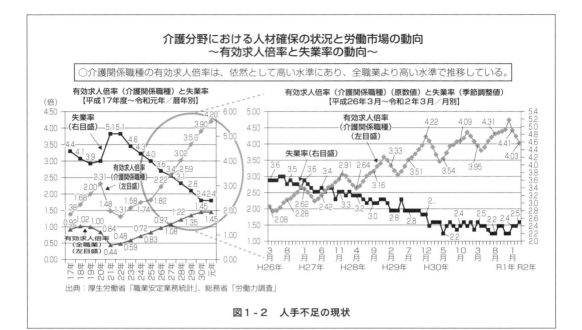

図1-2　人手不足の現状

❷ これからの介護需要

1 財源抑制下での、後期高齢者・要介護認定者の急増時代

　国立社会保障・人口問題研究所の推計では、65歳以上の高齢者数は2025年には3,677万人となり、2042年には3,935万人のピークを迎える。世帯主が65歳以上の単独世帯や夫婦のみの世帯も増加していく。65〜74歳人口は既にピークを過ぎており、これから増加するのは75歳以上の高齢者である。75歳以上高齢者の全人口に占める割合は増加していき、2055年には25％を超える見込みである。75〜84歳人口は2025年まで急速に増加し、85歳以上人口は2040年頃まで増加を続ける予測である。

　要介護認定率は、年齢が上がるにつれ上昇し、85歳になると過半数が要介護認定を受けている。1人当たりの介護給付費も85歳以上で急増している（図1-3）。これから迎えようとしている時代は、要介護認定者のかつてない急増を、これまで以上に伸びを抑えた財源で受け止めなければならない時代である。また、2025年以降は「高齢者の急増」から「現役世代の急減」に局面が変化する（図1-4）。

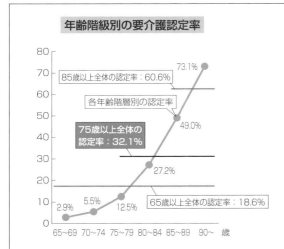

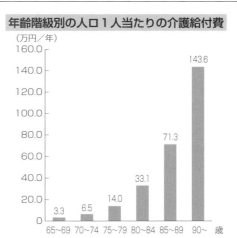

図1-3　加齢とともに急増する介護認定率と介護給付費
出典：2019年9月末認定者数（介護保険事業状況報告）及び2019年10月1日人口（総務省統計局人口推計）から作成
出典：2018年度「介護給付費等実態統計」及び2018年10月1日人口（総務省統計局人口推計）から作成

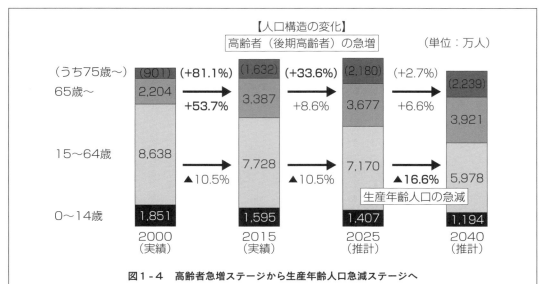

図1-4　高齢者急増ステージから生産年齢人口急減ステージへ
出典：総務省「国勢調査」「人口推計」、国立社会保障・人口問題研究所「日本の将来推計人口 平成29年推計」

2　深刻な介護人材不足

　第7期介護保険事業計画の介護サービス見込み量等に基づき、都道府県が推計した介護人材の需要の全国集計では、2020（令和2）年度末には約216万人、2025年度末には約245万人が必要となる（図1-5）。年ごとに6万人以上の需要増となるが、国においては、①介護職員の処遇改善、②多様な人材の確保・育成、③離職防止・定着促進・生産性向上、④介護職の魅力向上、⑤外国人人材の受入環境整備などの総合的な介護人材確保対策に取り組んでいる。

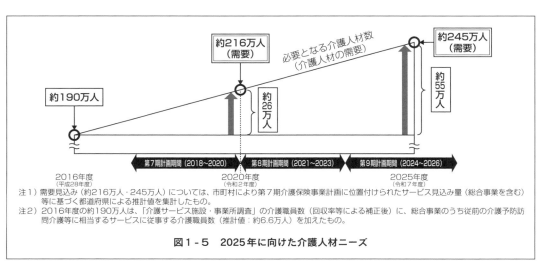

注1）需要見込み（約216万人・245万人）については、市町村により第7期介護保険事業計画に位置付けられたサービス見込み量（総合事業を含む）等に基づく都道府県による推計値を集計したもの。
注2）2016年度の約190万人は、「介護サービス施設・事業所調査」の介護職員数（回収率等による補正後）に、総合事業のうち従前の介護予防訪問介護等に相当するサービスに従事する介護職員数（推計値：約6.6万人）を加えたもの。

図1-5　2025年に向けた介護人材ニーズ

※出典の明記がない図版はp.121【図版出典一覧】参照（以下同）

③ 介護保険制度改革

1 働き手確保のための度重なる処遇改善

　介護をとりまく状況が未曾有の局面を迎えることに備え、近年は矢継ぎ早に制度改革が行われている。少子高齢社会が進展し、介護の需要が増えるにかかわらず働き手の確保が難しくなる状況を踏まえ、厚生労働省が2019（平成31）年3月に公表した「介護現場革新会議 基本方針」では、介護現場の特性とマネジメントの重要性、介護業界のイメージ改善と人材確保・定着促進などが謳われ、「介護サービス事業における生産性向上に資するガイドライン」が作成された。

　介護人材の処遇改善は介護報酬改定ごとに行われ、2017（平成29）年にも介護職員処遇改善加算を大幅に引き上げる臨時の改定が行われているが、さらに処遇改善を進めるために、消費税率の引き上げに伴う2019（令和元）年10月の臨時改定の際にも、介護サービス事業所における勤続年数10年以上の介護福祉士等について月額平均8万円相当の処遇改善を行う見直しが実施されている。

2 共生と予防を両輪とした認知症対策

　激増する認知症要介護者への対処については、2019年6月、認知症施策推進関係閣僚会議が対象期間を2025年までとする認知症施策推進大綱を取りまとめた。その基本的な考え方は、認知症の発症を遅らせ、認知症になっても希望を持って日常生活を過ごせる社会を目指し、認知症の人や家族の視点を重視しながら「共生」と「予防」を車の両輪として施策を推進する、というものである。

「共生」とは、認知症の人が尊厳と希望を持って認知症とともに生きる、また認知症があってもなくても同じ社会でともに生きる、という意味であり、「予防」とは、「認知症になるのを遅らせる」あるいは「認知症になっても進行を緩やかにする」という意味である。

3 共生社会の実現に向け、国・地方公共団体に課せられた役割

2019年12月に社会保障審議会介護保険部会がとりまとめた「介護保険制度の見直しに

関する意見」では、時間軸を2040年まで延ばしたうえで、地域共生社会の実現に向けた見直しが必要としている。2020（令和２）年６月に公布された「地域共生社会の実現のための社会福祉法等の一部を改正する法律」は、①地域住民の複雑化・複合化した支援ニーズに対応する市町村の包括的な支援体制の構築の支援、②地域の特性に応じた認知症施策や介護サービス提供体制の整備等の推進、③医療・介護のデータ基盤の整備の推進、④介護人材確保および業務効率化の取り組みの強化、⑤社会福祉連携推進法人制度の創設──を柱としている。

　この法律の成立によって社会福祉法が大きく改正され、「地域共生社会の実現のために、地域福祉の推進は地域住民が相互に人格と個性を尊重し合いながら、参加し、共生する地域社会の実現を目指して行われなければならない」と規定され、国と地方公共団体に対して、地域生活課題の解決に役立つ包括的な支援体制を整備する努力義務が課されている。さらに、国と都道府県に対して、市町村において重層的支援体制整備事業などが適正かつ円滑に行われるよう、必要な助言や情報の提供を行わなければならない、と規定された。地域の医療法人などが連携して事業を行う地域医療連携推進法人に近い仕組みの社会福祉連携推進法人も創設された。

　社会福祉法と同調して介護保険法も改正され、地域共生社会を実現するという理念が明確となった。地方公共団体は、介護保険給付での保健医療サービス、福祉サービスに関する施策等を包括的に推進するに当たり、地域住民が相互に人格と個性を尊重し合いながら、参加し、共生する地域社会の実現に資するよう努めなければならない、と規定されている。

　また、認知症に関する施策を総合的に推進するため、新たな規定も設けられている。国と地方公共団体には、研究機関、医療機関、介護サービス事業者等と連携し、認知症の予防等に関する調査研究の推進、その成果の普及・活用・発展に努めるとともに、地域における認知症である者への支援体制の整備、その他認知症に関する施策を総合的に推進する努力義務が課された。また、国と地方公共団体は認知症に関する施策の推進に当たり、認知症である者が地域社会において尊厳を保持しつつ他の人々と共生できるように努めなければならない、と規定された。

４　データ整備で進む医療・介護予防の一体的な事業化

　医療・介護のデータ基盤の整備の推進については、2019年５月に公布され2022年度初めまでに段階的に施行される「医療保険制度の適正かつ効率的な運営を図るための健康保険法等の一部を改正する法律」に具体的な方針が規定されている。この法律に基づき介護保険法も改正され、2020年に施行されている。

　医療保険制度の保険者には、これまで以上に保険者事務の適正な実施、予防・健康づくりに役立つ保健事業が求められている一方で、情報通信技術（ICT：Information and

Communication Technology）が進展し、社会のあらゆる分野でICTが活用されており、医療機関や保険者においてもそれを活用することで良質な医療を効率的に提供することが求められている。

　改正健康保険法は、①オンライン資格確認の導入、②オンライン資格確認や電子カルテ等の普及のための医療情報化支援基金の創設、③NDB（National Database：医療保険レセプト情報等のデータベース）と介護DB（介護保険レセプト情報等のデータベース）等の連結解析等、④高齢者の保健事業と介護予防の一体的な実施等、⑤被扶養者等の要件の見直し、国民健康保険の資格管理の適正化、⑥審査支払機関の機能の強化──などを柱としている。

　介護保険法は、NDBと介護DBなどの連結解析、高齢者の保健事業と介護予防の一体的な実施を目的として改正された。改正健康保険法で健康保険証が個人単位化されることによって、全国民の個別の被保険者番号とマイナンバーが保険者レベルで間接的に紐づけられ、マイナンバー制度の社会基盤を整備し活用することでオンライン資格確認が可能となるが、医療保険レセプトと介護保険レセプトは連結解析できるようになる。

　高齢者の保健事業と介護予防の一体的な実施については、介護保険事業を行う後期高齢者医療広域連合が75歳以上の高齢者の保健事業を市町村に委託できるようなり、委託を受けた市町村は高齢者の保健事業を国民健康保険の保健事業や介護保険の地域支援事業と一体的に実施することができる。2021年度中に全国の約5割の市町村で、高齢者の保健事業と介護予防が一体的に実施される見込みである。

5　介護との連携がより深められた2020年度診療報酬改定

　2020年度診療報酬改定は、①医療従事者の負担軽減、医師等の働き方改革の推進、②患者・国民にとって身近であって、安心・安全で質の高い医療の実現、③医療機能の分化・強化、連携と地域包括ケアシステムの推進、④効率化・適正化を通じた制度の安定性・持続可能性の向上──を柱としている。「地域包括ケアシステムの推進」は介護との関わりが大きく、入院医療機関が在宅担当医療機関や介護施設などと切れ目なく連携するための診療報酬上のインセンティブや基準が設けられている。

2021（令和3）年度 介護報酬改定の要点

1　感染症・災害への対応力強化が大きな柱に

　2021（令和3）年度介護報酬改定は、①感染症や災害への対応力強化、②地域包括ケアシステムの推進、③自立支援・重度化防止の取り組みの推進、④介護人材の確保・介護現場の革新、⑤制度の安定性・持続可能性の確保——を柱としている。これらのうち②〜⑤については前回までの改定でも同様の柱が立てられていたが、感染症や災害に直面した際の介護保険事業の運営の脆さが露呈したことにより、感染症や災害への対応力強化が柱に加えられた。

　感染症対応については、経過措置期間以降は、感染症の発生およびまん延等に関する取り組みの徹底を求める観点から、すべての介護サービス事業者に、委員会の開催、指針の整備、研修の実施、訓練（シミュレーション）の実施が義務づけられた。介護サービスは、利用者の方々やその家族の生活に欠かせないものであり、感染症や自然災害が発生した場合であっても、利用者に対して必要なサービスが安定的・継続的に提供されることが重要である。

　必要なサービスを継続的に提供するためには、また、仮に一時中断した場合であっても早期の業務再開を図るためには、業務継続計画（BCP：Business Continuity Plan）の策定が重要であることから、その策定を支援するため、「介護施設・事業所における新型コロナウイルス感染症発生時の業務継続ガイドライン」「介護施設・事業所における自然災害発生時の業務継続ガイドライン」が作成されている。経過措置期間以降は、感染症や災害が発生した場合であっても、必要な介護サービスが継続的に提供できる体制を構築する観点から、すべての介護サービス事業者に、業務継続に向けた計画等の策定、研修の実施、訓練（シミュレーション）の実施が義務づけられた。

　また、災害への対応においては、地域との連携が不可欠であることを踏まえ、非常災害対策（計画策定、関係機関との連携体制の確保、避難等訓練の実施等）が求められる介護サービス事業者を対象に、訓練の実施に当たって、地域住民の参加が得られるよう連携に努めなければならないこととされた。なお、通所介護等の事業所については、感染症や災害の影響により利用者数が減少した場合には、状況に即した安定的なサービス提供を可能とする観点から、基本報酬加算（加算分は区分支給限度基準額の算定に含めない）の特例措置が

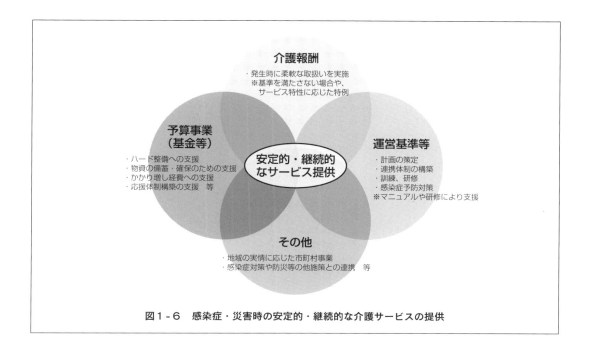

図1-6　感染症・災害時の安定的・継続的な介護サービスの提供

設けられた。

2　科学的効果を伴うサービスで自立支援・重度化防止を図る

　自立支援・重度化防止を効果的に進める観点からは、質の評価やデータ活用を行いながら、科学的に効果が裏付けられた質の高いサービスの提供が推進される。加算等の算定要件とされている計画作成や多職種間会議については、リハビリテーション専門職、管理栄養士、歯科衛生士が必要に応じて参加することが明確化されること、外部のリハビリテーション専門職等との連携にはICTが活用できることなど、多職種連携が促進される。ADL維持等加算については、加算対象施設が拡充し、ADL（Activities of Daily Living：日常生活動作）を良好に維持・改善する事業者を高く評価する評価区分が新設された。施設系サービスについては、すべての利用者への医学的評価に基づく日々の過ごし方等へのアセスメントの実施、日々の生活全般における計画に基づくケアの実施が評価され、状態改善等（アウトカム）を評価する見直しが行われた。

3　職員の離職防止・定着促進策で人材確保を推進

　介護人材の確保・介護現場の革新については、介護職員間の配分ルールの柔軟化により特定処遇改善加算の取得を促進すること、処遇改善加算や特定処遇改善加算の職場環境等

要件についての実効性を高めること、サービス提供体制強化加算において、サービスの質の向上や職員のキャリアアップを推進する観点から、介護福祉士の割合や勤続年数の長い介護福祉士の割合がより高い事業者を評価すること、仕事と育児や介護との両立が可能となる環境整備を進める観点から、各サービスの人員配置基準や報酬算定において、育児・介護休業取得の際の非常勤職員による代替職員の確保や、短時間勤務等を行う場合にも「常勤」として取り扱うことを可能とすること、すべての介護サービス事業者に適切なハラスメント対策を求めることなどにより、職員の離職防止・定着促進が図られている。

4　テクノロジーの活用で、現場業務の効率化・負担軽減へ

　テクノロジーの活用による介護サービスの質の向上と業務効率化を推進していく観点からは、見守り機器を導入した場合の夜間における人員配置の緩和、運営基準や加算の要件等における各種会議等の実施についてテレビ電話等を活用しての実施を認めること、薬剤師による居宅療養管理指導について情報通信機器を用いた服薬指導を評価することなどが図られた。また、施設系サービスの人員・運営基準の緩和、署名・押印の見直し、電磁的記録による保存、運営規程の掲示の柔軟化など、介護現場の業務効率化・業務負担軽減が図られた。

5　制度の安定的持続に向けた介護保険給付費の抑制措置

　制度の安定性・持続可能性の確保については、必要なサービスは確保しつつ、適正化・重点化が図られ、介護保険給付費の膨張にブレーキが掛けられた。たとえば介護療養型医療施設の基本報酬の減額、生活援助の訪問回数が多い利用者のケアプランについて検証の仕方や届出頻度の見直し、区分支給限度基準額の利用割合が高く訪問介護が大部分を占める等のケアプランを作成する居宅介護支援事業者を対象とした点検・検証の仕組みの導入などが図られている。

確 認 問 題

問題

問題 1

介護報酬改定に関わる主な視点（ア）～（オ）において、2006（平成18）年度改定以前から掲げられているものの正しい組み合わせはどれか。

（ア）中重度者への支援強化
（イ）医療と介護の機能分担・連携
（ウ）地域包括ケア、認知症ケア
（エ）介護従事者の人材確保・処遇改善
（オ）感染症や災害への対応力強化

[選択肢]

① （ア）～（オ）のすべて

② （ア）（イ）（ウ）（エ）

③ （ア）（イ）（ウ）

④ （ア）（イ）

⑤ （ア）

確認問題

解答　解説

解答 1 ③

解説 1

　（ア）（イ）（ウ）は2006（平成18）年度改定、（エ）は2009（平成21）年度改定、（オ）は2021（令和3）年度改定において、それぞれ初めて掲げられた視点である。

■介護報酬改定における主な視点

【2003（平成15）年度改定】
○自立支援の観点に立った居宅介護支援（ケアマネジメント）の確立／○自立支援を指向する在宅サービスの評価／○施設サービスの質の向上と適正化

【2005（平成17）年10月改定】
○居住費（滞在費）および食費に関連する介護報酬と運営基準等の見直し

【2006（平成18）年度改定】
○中重度者への支援強化／○介護予防、リハビリテーションの推進／○地域包括ケア、認知症ケアの確立／○サービスの質の向上／○医療と介護の機能分担・連携の明確化

【2009（平成21）年度改定】
○介護従事者の人材確保・処遇改善／○医療との連携や認知症ケアの充実／○効率的なサービスの提供や新たなサービスの検証

【2012（平成24）年度改定】
○在宅サービスの充実と施設の重点化／○自立支援型サービスの強化と重点化／○医療と介護の連携・機能分担／○介護人材の確保とサービスの質の評価

【2014（平成26）年度改定】
○消費税の引き上げ（8％）への対応

【2015（平成27）年度改定】
○中重度の要介護者や認知症高齢者への対応の更なる強化／○介護人材確保対策の推進（1.2万円相当）／○サービス評価の適正化と効率的なサービス提供体制の構築

【2017（平成29）年度改定】
○介護人材の処遇改善（1万円相当）

【2018（平成30）年度改定】
○地域包括ケアシステムの推進／○多様な人材の確保と生産性の向上／○自立支援・重度化防止に資する質の高い介護サービスの実現／○介護サービスの適正化・重点化を通じた制度の安定性・持続可能性の確保

【2019（令和元）年度改定】（10月〜）
○介護人材の処遇改善／○消費税の引上げ（10％）への対応

【2021（令和3）年度改定】
○感染症や災害への対応力強化／○地域包括ケアシステムの推進／○自立支援・重度化防止の取組の推進／○介護人材の確保・介護現場の革新／○制度の安定性・持続可能性の確保

第2章
地域包括ケアシステムの推進

1 地域包括ケアとは
2 地域包括ケアの5つの構成要素
3 システム構築における公助、共助、自助、互助による組み合わせ
4 中核機関としての地域包括支援センターの役割
5 地域ケア会議
6 地域包括ケアシステムの具体化

地域包括ケアとは

1　介護保険法と地域包括ケアシステムの構築

　地域包括ケアは医療・介護の展望を読み解くキーワードの1つである。地域包括ケアは介護保険制度改革の議論の過程で浮上してきた「概念」であり、厚生労働省は、3年ごとの市町村の介護保険事業計画の策定・実施を通じて、地域の自主性や主体性に基づき、地域の特性に応じた地域包括ケアシステムを構築していくこととしている（図2‐1）。

　介護保険法において「国及び地方公共団体は、被保険者が、可能な限り、住み慣れた地域でその有する能力に応じ自立した日常生活を営むことができるよう、保険給付に係る保健医療サービス及び福祉サービスに関する施策、要介護状態等となることの予防又は要介

地域包括ケアシステムの構築について

○団塊の世代が75歳以上となる2025年を目途に、重度な要介護状態となっても住み慣れた地域で自分らしい暮らしを人生の最後まで続けることができるよう、**医療・介護・予防・住まい・生活支援が包括的に確保される体制（地域包括ケアシステム）**の構築を実現。
○今後、認知症高齢者の増加が見込まれることから、認知症高齢者の地域での生活を支えるためにも、地域包括ケアシステムの構築が重要。
○人口が横ばいで75歳以上人口が急増する大都市部、75歳以上人口の増加は緩やかだが人口は減少する町村部等、**高齢化の進展状況には大きな地域差**。
○地域包括ケアシステムは、**保険者である市町村や都道府県が、地域の自主性や主体性に基づき、地域の特性に応じて作り上げていく**ことが必要。

図2‐1　地域包括ケアシステムの姿

護状態等の軽減若しくは悪化の防止のための施策並びに地域における自立した日常生活の支援のための施策を、医療及び居住に関する施策との有機的な連携を図りつつ包括的に推進するよう努めなければならない」(第五条第3項)とあるのも、地域包括ケアシステムの構築のことであり、地域包括ケアは介護保険法のもとで構築されていくことになっている。

　2014(平成26)年に改正された「地域における医療及び介護の総合的な確保の促進に関する法律」では、「この法律は、国民の健康の保持及び福祉の増進に係る多様なサービスへの需要が増大していることに鑑み、地域における創意工夫を生かしつつ、地域において効率的かつ質の高い医療提供体制を構築するとともに地域包括ケアシステムを構築することを通じ、地域における医療及び介護の総合的な確保を促進する措置を講じ、もって高齢者をはじめとする国民の健康の保持及び福祉の増進を図り、あわせて国民が生きがいを持ち健康で安らかな生活を営むことができる地域社会の形成に資することを目的とする」(第一条)、「厚生労働大臣は、地域において効率的かつ質の高い医療提供体制を構築するとともに地域包括ケアシステムを構築することを通じ、地域における医療及び介護を総合的に確保するための基本的な方針を定めなければならない」(第三条)と、医療提供体制の構築と地域包括ケアシステムの構築とを車の両輪として打ち出している。

2 可能な限り、住み慣れた地域で自立した日常生活を

　この法律において、地域包括ケアシステムとは「地域の実情に応じて、高齢者が、可能な限り、住み慣れた地域でその有する能力に応じ自立した日常生活を営むことができるよう、医療、介護、介護予防(要介護状態若しくは要支援状態となることの予防又は要介護状態若しくは要支援状態の軽減若しくは悪化の防止をいう)、住まい及び自立した日常生活の支援が包括的に確保される体制をいう」(第二条)と定義されており、地域包括ケアシステムを説明する際には、しばしばこの定義が引用される。

② 地域包括ケアの5つの構成要素

1 サービスをいかに相互に連携させ、切れ目なく提供するか

　地域包括ケアシステムの定義に従えば、地域包括ケアとは、①「医療」、②「介護」、③「介護予防」の専門的サービスに④「住まい」、⑤「自立した日常生活の支援」を加えた5つの構成要素が相互に連携しながら切れ目なく提供されることである。

　「医療」、「介護」、「介護予防」は、ケアマネジメントに基づき、個々人の抱える課題に合わせて行われる、在宅要医療者へのサービスである「医療・看護」(在宅医療、訪問看護)と、要介護者へのサービスである「介護」と、要支援者・要介護者へのサービスである「介護予防・リハビリテーション」が、専門職によって、必要に応じて生活支援と一体的に提供されることが求められる。在宅医療を実施する医療機関や訪問看護ステーションと、ケアマネジャーや地域包括支援センターなどが協働して、地域包括ケアにおける医療と介護の連携を図ることになる。

　「住まい」は、生活の基盤として必要な住まいが整備され、本人の希望と経済力にかなった住まいが確保されていることが地域包括ケアシステムの前提である。高齢者のプライバシーと尊厳が十分に守られた住環境が必要となり、それが在宅生活を継続する上での土台となる。

　「自立した日常生活の支援」は、心身の能力の低下、経済的理由、家族関係の変化などでも尊厳ある生活が継続できるよう生活支援を行うことで、配食など、サービス化(外部市場化)できる支援から、近隣住民の声かけや見守りなどのインフォーマルな支援まで幅広く、担い手も多様である。生活困窮者などには、福祉サービスとしての提供も必要となる。

2 5つの要素に次ぐ「本人と家族の選択と心構え」

　5つの構成要素としては掲げられていないが、「本人と家族の選択と心構え」も地域包括ケアシステムを支えていく重要な要素である。在宅生活の心構えがある個人へ「住まい」が提供され、必要な「生活支援」を受け、専門職による「医療」「介護」「介護予防」が有機的に連携して一体的に提供されることにより、高齢者の生活が支えられる。

③ システム構築における公助、共助、自助、互助による組み合わせ

1　公の共助・公助から自発的な自助・互助へ

　地域包括ケアシステムは、一般的な社会保障制度の構築と同じく、公助、共助、自助、互助の組み合わせで構築される。「公助」は税による公の負担、「共助」はリスクを共有する者同士の保険制度からの負担、「自助」は自己負担、自己管理や市場サービスの購入である。「互助」は相互に支え合うという意味では「共助」と同じであるが、費用負担が制度的に裏付けられない自発的なものである。

　社会保障制度は、少子高齢化や財政状況から、ニーズの増大に対し「共助」「公助」の大幅な拡充を期待することが難しくなっており、「自助」「互助」への期待が大きい。「自助」への期待は、自らの健康管理（セルフケア）や市場サービスの購入の推進として、「互助」への期待は、ボランティア活動や住民組織の活動の推進として政策に反映されている。

2　市町村への期待は、潜在的地域資源の発見とそのシステム化

　しかし、公助や共助を司る機関（市町村）に自助と互助まかせのシステムを構築させようというのは不合理である。

　地域包括ケアシステムの構築が社会保障制度の安定のために必要であるというのであれば、公助や共助のさらなる関与が必要である。市町村は、介護保険制度の地域支援事業に強く関わることにより、共助で生活支援を促進することができる。公助としては、高齢者福祉事業として一般財源により実施する方法も考えられるが、消費税を財源とした「地域医療介護総合確保基金」も公助財源として活用できる。市町村には、潜在的な地域資源を発見し、さらに別の資源と結びつけたり、公的な助成を行うことで、「自助」「互助」「共助」「公助」のバランスの中で地域資源を「システム化」し、地域包括ケアシステムに組み込んでいくことが期待される。

中核機関としての地域包括支援センターの役割

1　地域の保健医療の向上および福祉の増進を包括的に支援

　地域包括ケアシステムを構築するための中核機関として地域包括支援センターが位置付けられている。地域包括支援センターは介護保険法に規定された施設で、介護予防・日常生活支援総合事業と包括的支援事業等を実施し、地域住民の心身の健康の保持および生活の安定のために必要な援助を行うことにより、その保健医療の向上および福祉の増進を包括的に支援することを目的とする施設である。

2　市町村もしくはその委託を受けた者が設置主体に

　地域包括支援センターはすべての介護保険の保険者が、おおむね人口2〜3万人の日常生活圏域(中学校区)ごとに設置しており、市町村が直営で設置しているものと、市町村から包括的支援事業の委託を受けた者が設置しているものとがある。包括的支援事業の委託を受けることができる者は、包括的支援事業を適切、公正、中立かつ効率的に実施することができる者(包括的支援事業のすべてにつき一括して委託する場合においては、法人)であって、老人介護支援センター*1の設置者、一部事務組合もしくは広域連合を組織する市町村、医療法人、社会福祉法人、包括的支援事業を実施することを目的とする一般社団法人もしくは一般財団法人または特定非営利活動法人その他市町村が適当と認めるものである。

3　地域包括支援センターが担う4つの業務

　地域包括支援センターにおいては、①介護予防ケアマネジメント業務、②総合相談支援業務、③権利擁護業務、④包括的・継続的ケアマネジメント支援業務などの大きく4つの

＊1　高齢者やその家族、地域住民を対象に、自宅で暮らしている援護が必要な高齢者や介護が必要となるおそれのある高齢者、その家族の方等からの相談に応じ、介護等に関するニーズに対応した各種の保健、福祉サービス(介護保険を含む)が、総合的に受けられるように市区町村等関係行政機関、サービス実施機関、居宅介護支援事業所等との連絡調整等を行う。通称、「在宅介護支援センター」と呼ばれているが、法律上は老人介護支援センターとして規定されている。老人介護支援センターの役割は現在、2006(平成18)年に創設された地域包括支援センターが担っており、廃止している市区町村も多く、その位置づけは市区町村により異なっている(福祉医療機構ホームページより改変)。

業務が行われる。

　介護予防ケアマネジメント業務は、要介護状態になるおそれのある65歳以上の者が要介護状態になることを予防する事業、総合相談支援業務は、相談を受けた高齢者にどのような支援が必要かを把握し、地域における適切なサービスや制度の利用につなぐ等の支援を行う事業、権利擁護業務は、成年後見制度の活用、高齢者虐待への対応、困難事例への対応、消費者被害防止制度の活用等により高齢者の生活の維持を図る事業である。包括的・継続的ケアマネジメント支援業務は、介護支援専門員のネットワーク構築・活用、介護支援専門員の後方支援、介護予防計画の作成、多職種協働・連携、在宅医療・介護連携の推進、認知症施策の推進、地域ケア会議の推進、生活支援サービスの体制整備などの事業である。

4　地域の特性に応じた適切、公正かつ中立な運営

　地域包括支援センターには、原則として、保健師、社会福祉士、主任介護支援専門員が配置されている。また、地域包括支援センターの運営は、市町村が設置した地域包括支援センター運営協議会の意見を踏まえ、適切、公正かつ中立な運営が確保される。運営協議会は地域包括支援センターから事業計画書等を提出させ、業務の遂行状況を評価し、次年度の事業に反映させる。市町村では、3年ごとの介護保険事業計画の策定・実施を通じて、地域の自主性や主体性に基づき、地域の特性に応じた地域包括ケアシステムを構築していくこととされている。

5　PDCAサイクルに基づくシステム構築のプロセス

　市町村における地域包括ケアシステム構築のプロセスは次のステップをPDCAサイクルとすることとされている（図2-2）。
●〈第一段階：地域の課題の把握と社会資源の発掘〉
・日常生活圏域ニーズ調査等（介護保険事業計画の策定のため日常生活圏域ニーズ調査を実施し、地域の実態を把握）
・地域ケア会議と総合相談の実施（地域包括支援センター等で個別事例の検討を通じ地域のニーズや社会資源を把握）
・医療・介護情報の「見える化」（随時、他市町村との比較検討を行い、これらによる量的・質的分析により、高齢者のニーズ、住民・地域の課題、社会資源の課題、支援者の課題（専門職の数・資質、連携・ネットワーク）を把握し、社会資源（地域資源、地域リーダー、住民互助）を発掘）
●〈第二段階：地域の関係者による対応策の検討（事業化・施策化協議）〉

・介護保険事業計画の策定等（都道府県との連携（医療・居住等）、関連計画（医療計画、居住安定確保計画、市町村の関連計画等）との調整、住民参画（住民会議、セミナー、パブリックコメント等）、関連施策（障害、児童、難病施策等）との調整）

・地域ケア会議等（地域課題の共有（保健・医療・福祉・地域の関係者等の協働による個別支援の充実、地域の共通課題や好取り組みの共有）、年間事業計画への反映）

●〈第三段階：対応策の決定・実行（具体策の検討）〉

・介護サービス（地域ニーズに応じた在宅サービスや施設のバランスのとれた基盤整備、将来の高齢化や利用者数見通しに基づく必要量の予測）

・医療・介護連携（地域包括支援センターの体制整備（在宅医療・介護の連携）、医療関係団体等との連携）

・住まい（サービス付き高齢者向け住宅等の整備、住宅施策と連携した居住確保）

・生活支援／介護予防（自助（民間活力）、互助（ボランティア）等による実施、社会参加の促進による介護予防、地域の実情に応じた事業実施）

・人材育成（専門職の資質向上、介護職の処遇改善）

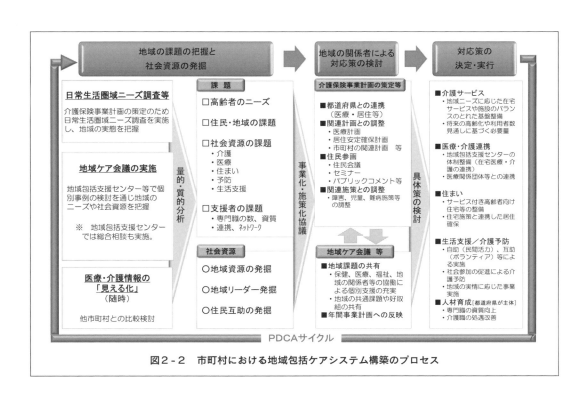

図2-2　市町村における地域包括ケアシステム構築のプロセス

地域ケア会議

地域包括ケアシステム構築プロセスの第一段階(地域の課題の把握と社会資源の発掘)と第二段階(事業化・施策化協議)において、「地域ケア会議」は重要な位置づけとなっている。

1 システム実現に向けた具体的手法としての地域ケア会議

地域ケア会議は、高齢者個人に対する支援の充実と、それを支える社会基盤の整備とを同時に進めていく、地域包括ケアシステムの実現に向けた手法であり、具体的には、地域包括支援センター等が主催し、

● 医療、介護等の多職種が協働して高齢者の個別課題の解決を図るとともに、介護支援専門員の自立支援に資するケアマネジメントの実践力を高める。

● 個別ケースの課題分析等を積み重ねることにより、地域に共通した課題を明確化する。

● 共有された地域課題の解決に必要な資源開発や地域づくり、さらには介護保険事業計画への反映などの政策形成につなげる。

ものとされている(図2 - 3)。

2 多職種参加による地域包括ケア版「症例検討会」

地域ケア会議の主な構成員は、自治体職員、地域包括支援センター職員、ケアマネジャー、介護事業者、民生委員、OT(作業療法士)、PT(理学療法士)、ST(言語聴覚士)、医師、歯科医師、薬剤師、看護師、管理栄養士、歯科衛生士その他であり、直接サービス提供に当たらない専門職種も参加する。医療の質の向上のため、病院では、対処困難な患者について、関与する多職種が集まって「症例検討会」(ケース カンファレンス)がしばしば開催されているが、症例検討会の経験の蓄積の多寡が病院の医療の質を決定づけている。地域包括ケアシステムにとって、地域ケア会議は病院の「症例検討会」に匹敵するものである。

3 地域包括ケアの質的向上を左右するケア会議の蓄積

対処困難な要介護者について、関与する多職種が集まって「地域ケア会議」を開催する経

験の蓄積の多寡が、その地域における包括ケアの質を決定づける。ケースカンファレンスがほとんど開催されない病院やカンファレンスに参加しない医療従事者は何年たっても質の向上を見ることができないのと同様、地域の有力者だけを集めて行政資料の説明に終始するような運営でお茶を濁しているだけの地域ケア会議を定期開催しているような地域では地域包括ケアの質的向上は望めない。また、地域ケア会議に関与しようとしない医療機関も、地域包括ケアの構成要素としての期待には応えられないであろう。

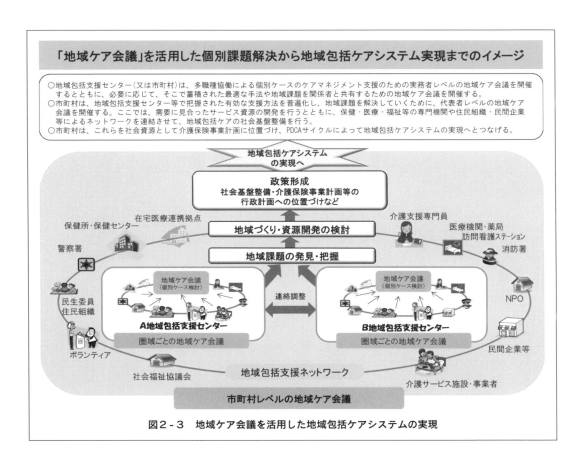

図2-3　地域ケア会議を活用した地域包括ケアシステムの実現

地域包括ケアシステムの具体化

1　重点政策課題は、認知症、看取り、在宅サービス

　社会福祉政策の方向性の新たなスローガンとして「地域共生社会の実現」という概念が台頭し、「地域包括ケアシステムの構築」は「概念」ではなく、より具体化した政策課題となってきている。具体化のためには課題の絞り込みが必要であり、重点課題として「認知症への対応力向上」「看取りへの対応の充実」「在宅サービスの機能と連携の強化」が取り上げられている。2021（令和3）年度介護報酬改定では次の具体的対応がなされている。

〈認知症への対応力向上〉
・訪問系サービスについて、他のサービスと同様に、認知症専門ケア加算が新設された。
・認知症専門ケア加算（通所介護、地域密着型通所介護においては認知症加算）の人員配置要件が緩和された。
・多機能系サービスについて、緊急的な宿泊ニーズに対応するため、認知症行動・心理症状緊急対応加算が新設された。
・すべての介護サービス事業者（居宅療養管理指導を除く）を対象に、研修の受講状況等、認知症に係る事業者の取り組み状況について、介護サービス情報公表制度において公表することが求められることとなった。
・在宅の認知症高齢者の緊急時の宿泊ニーズに対応できる環境づくりを一層推進する観点から、多機能系サービスについて、施設系サービス等と同様に、認知症行動・心理症状緊急対応加算が新設された。
・介護に関わるすべての者の認知症対応力を向上させていくため、介護サービス事業者に、介護に直接携わる職員のうち、医療・福祉関係の資格を有さない者について、認知症介護基礎研修を受講させるために必要な措置を講じることが、3年の経過措置期間を設け、義務づけられた。

〈看取りへの対応の充実〉
・看取り期における本人・家族との十分な話し合いや他の関係者との連携を一層充実させる観点から、看取りに係る加算の算定要件において、「人生の最終段階における医療・ケアの決定プロセスに関するガイドライン」等の内容に沿った取り組みを行うことが求められることとなった（図2-4）。

・施設系サービスについて、サービス提供にあたり、本人の意思を尊重した医療・ケアの方針決定に対する支援に努めることが求められることとなった。

・介護付きホームにおける中重度者や看取りへの対応の充実を図る観点から、看取り期において夜勤または宿直により看護職員を配置している場合の評価が新設された。

・看取り期における頻回の訪問介護が評価された。

〈在宅サービスの機能と連携の強化〉

・通院等乗降介助について、目的地が複数ある場合の目的地間の移送に係る乗降介助に関しての配慮がなされた。

・退院・退所時のカンファレンスについて、退院・退所後に福祉用具の貸与が見込まれる場合には、必要に応じ、福祉用具専門相談員や居宅サービスを提供する作業療法士等が参画することが明確化された。

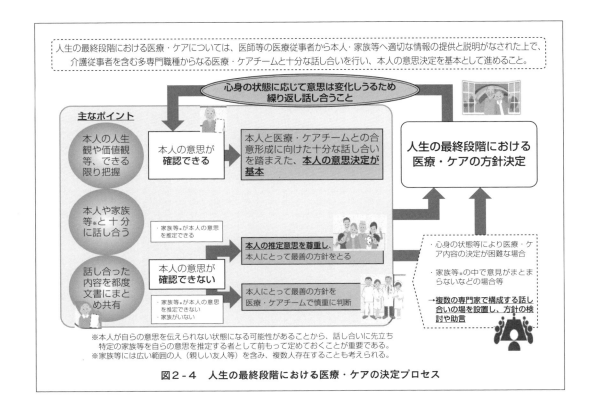

図2-4　人生の最終段階における医療・ケアの決定プロセス

確認問題

問題 1 地域包括支援センターについて、正しいのはどれか。

[選択肢]

①一次医療圏ごとに1か所設置される。

②医療法人は、都道府県知事から委託を受けて設置主体となることができる。

③保健師、社会福祉士、介護福祉士、介護支援専門員が配置されている。

④介護予防ケアマネジメント業務は、要支援認定を受けている者が要介護状態になることを予防する事業である。

⑤権利擁護業務は、成年後見制度の活用、高齢者虐待への対応、困難事例への対応、消費者被害防止制度の活用等により高齢者の生活の維持を図る事業である。

確認問題

解答　解説

 ⑤

①すべての介護保険の保険者が、おおむね人口2～3万人の日常生活圏域（中学校区）ごとに設置する。

②医療法人は、市町村から委託を受けて設置主体となることができる。

③保健師、社会福祉士、主任介護支援専門員が配置されている。

④介護予防ケアマネジメント業務は、要介護状態になるおそれのある65歳以上の者が要介護状態になることを予防する事業である。

⑤選択肢のとおり。

第3章

介護保険制度のしくみ

1 診療報酬と異なる介護サービスの単位制
2 介護報酬の算定と請求
3 介護サービスの種類
4 要介護認定
5 介護支援専門員（ケアマネジャー）
6 介護職
7 介護保険事業の開業

診療報酬と異なる 介護サービスの単位制

1　地域差への配慮が組み込まれた「単位」制を採用

　医療と介護の連携を理解するためには、介護報酬のしくみ、特に診療報酬との相違点について熟知しておく必要がある。介護報酬とは、介護保険制度から介護サービス事業の事業者に対して支払われる報酬の公定価格のことをいい、介護報酬は、診療報酬と同様、基本算定項目と加算減算項目で構成される。基本算定項目はサービスの種類ごとに、サービス内容、提供回数、時間、利用者の要介護度等を考慮した報酬が設定されている。

　診療報酬と介護報酬の大きな違いは、診療報酬が「診療報酬点数表」を用いて全国共通の単価（1点＝10円）で運営されているのに対し、介護報酬は全国共通の「介護給付費単位数表」を用いているものの、人員配置基準において具体的に配置を規定されている看護・介護職員の人件費の地域差を考慮し、地域区分やサービスの種類ごとに1単位当たりの単価が異なっていることである（1単位＝10円〜11.40円）（表3−1）。

　なお、人件費の地域差との関連が薄い福祉用具貸与費や診療報酬との整合性が必要な療養管理指導費（医療機関が提供する訪問診察など）、介護療養型医療施設での特定診療費については全国共通単価（1単位＝10円）であり、介護老人保健施設で行われる特定治療（診療報酬点数表を準用し1点＝10円）についても全国共通単価となっている。

　利用者に直接介護サービスを提供する従業者の賃金は地域によって差があり、この地域差を介護報酬に反映するために、「単位」制が採用され、サービスごと、地域ごとに1単位の単価が設定されている。各市町村に適用される級地（地域区分）は、公平性・客観性を担保する観点から、公務員（国家・地方）の地域手当の設定がある地域は、原則として当該地域手当の区分に準拠しつつ、隣接地域の状況によって、一部特例を設定している。

　なお、大多数（4分の3）の自治体では、1単位の単価は10円である。また、人口密度が希薄、交通が不便等の理由によりサービスの確保が著しく困難な地域に所在する事業所がサービス提供を行った場合には特別地域加算（15／100）、中山間地域等に所在する事業所がサービス提供を行った場合には小規模事業所加算（10／100）、中山間地域等に居住している利用者に対して通常の事業の実施地域を越えてサービス提供を行った場合にはサービス提供加算（5／100）が算定され、診療報酬とは異なり、地域差への配慮が制度に組み込まれている。

2 介護報酬における基本的算定方法

　介護報酬の基本的な算定方法は次のとおりである。

［事業者に支払われるサービス費（１割、２割または３割は利用者の自己負担）］

＝［サービスごとに算定した単位数］×［１単位の単価（10円〜11.40円）］＝

A（人件費割合70％のサービス）

訪問介護／訪問入浴介護／訪問看護／居宅介護支援／定期巡回・随時対応型訪問介護看護／夜間対応型訪問介護

B（人件費割合55％のサービス）

訪問リハビリテーション／通所リハビリテーション／認知症対応型通所介護／小規模多機能型居宅介護／看護小規模多機能型居宅介護／短期入所生活介護

C（人件費割合45％のサービス）

通所介護／短期入所療養介護／特定施設入居者生活介護／認知症対応型共同生活介護／介護老人福祉施設／介護老人保健施設／介護療養型医療施設／介護医療院／地域密着型特定施設入居者生活介護／地域密着型介護老人福祉施設入所者生活介護／地域密着型通所介護

表3-1　1単位の単価（サービス別、地域別に設定）

	1級地	2級地	3級地	4級地	5級地	6級地	7級地	その他
A	11.40円	11.12円	11.05円	10.84円	10.70円	10.42円	10.21円	10円
B	11.10円	10.88円	10.83円	10.66円	10.55円	10.33円	10.17円	10円
C	10.90円	10.72円	10.68円	10.54円	10.45円	10.27円	10.14円	10円

② 介護報酬の算定と請求

1　一部を除き、要介護度等ごとに月額支給限度額が存在

　介護サービスを提供した事業者は、その提供した介護サービスの種類ごとの介護給付費単位数の合計を算出し、それに地域・サービスごとの1単位の介護報酬単価を乗じて介護報酬を算定する。ただし、施設サービス以外の介護サービスについては要介護度、要支援度ごとに月額支給限度額が定められており、限度額設定がない医療保険の出来高払いとは異なっている。

　一部のサービスを除き、介護報酬の1割（一定以上の所得者は所得に応じて2割または3割）は利用者負担で、残りは介護保険の保険者へ請求する（図3-1）。介護報酬の利用者負担額が基準額を超えて高額になった場合には、医療保険の高額療養費制度と同様、利用者負担額が軽減される高額介護サービス費支給制度があり、世帯合算や医療費合算によって軽減される高額医療・高額介護合算療養費制度もある。月額支給限度額を超過するサービスや保険給付の対象外とされるサービスについては、混合診療として認めない医療保険と異なり、介護サービスの利用者が全額を負担することでサービスを提供することができる。

2　加算が多い介護報酬では、請求時の算定漏れに注意

　介護サービス事業者は、要介護者へのサービスについては居宅介護支援事業者から、要支援者へのサービスについては地域包括支援センターから受け取った「サービス提供票」を基に介護サービスの提供を行う。そして、提供した介護サービスを「サービス実績票」にまとめて居宅介護支援事業者あるいは地域包括支援センターに報告する。

　居宅介護支援事業者・地域包括支援センターは、利用者ごとに1か月間に提供されたサービスの種類、単位数、提供した事業所名等を記した給付管理票を作成し、国民健康保険団体連合会(国保連)へ提出する。並行して介護サービス事業者は、利用者負担額を除いた介護報酬を介護給付費明細書として事業所所在地の国保連を経由して保険者へ請求する。国保連は給付管理票と介護給付費明細書の内容に差異がないか確認し、診療報酬と同じく、過誤請求や不正請求などは査定される。

　介護報酬は基本算定項目に数多くの加算項目の報酬が加わるので、加算の算定漏れがないように注意を払う必要がある。3年ごとの介護報酬改定のたびに、新たな加算が新設されたり、加算の算定要件が変更されたりするので、介護報酬の改定情報には敏感でなければならない。

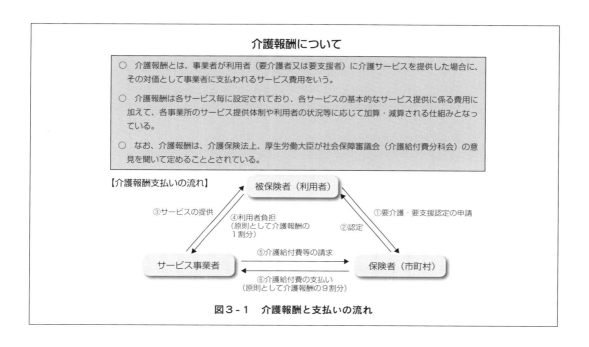

図3-1　介護報酬と支払いの流れ

③ 介護サービスの種類

1 提供されるサービスの数は、わずか数十種類

　介護保険給付は、介護給付と予防給付と市町村が行う介護予防支援(地域支援業務)に大別される。介護給付は、要介護1から要介護5の認定を受けた被保険者(要介護者)が利用できるサービスである。診療報酬の場合は、対象者の病態(疾患)ごとに行われる多様な診療行為ごとに診療報酬が定められているため、診療報酬点数表の項目数が数千に及んでいるが、疾患数に相当する介護保険が扱う状態の数はわずか5区分(表3-2)に単純化されており、提供されるサービスの種類も数十種類しかない(図3-2)。介護報酬単位表は数ページのプリントアウトで済む分量であり、医療保険事業へ参入する場合に比し、介護保険事業へ参入する心理的抵抗は少ない。

　予防給付は、要支援1・2の認定を受けた被保険者(要支援者)が利用できるサービスで

表3-2　要介護状態区分

要介護状態 区分	心身の状態の目安
要支援1	社会的支援を要する状態。排泄や食事はほとんどできるが、日常生活動作の一部に介助が必要。状態の維持・改善の可能性の高い方
要支援2	部分的な介護を要する状態。日常生活動作に介助が必要で複雑な動作には支えが必要。状態の維持・改善の可能性の高い方。
要介護1	部分的な介護を要する状態。日常生活動作に介助が必要で複雑な動作には支えが必要。問題行動や理解力の低下が見られることがある。
要介護2	軽度の介護を要する状態。日常生活動作や複雑な動作や移動するときに支えが必要。いくつかの問題行動や理解力の低下が見られることがある。
要介護3	中程度の介護を要する状態。日常生活動作や複雑な動作、排泄が自分一人ではできない。多くの問題行動や理解力の低下が見られることがある。
要介護4	重度の介護を要する状態。日常生活動作や複雑な動作、移動することが自分ひとりではできず、排泄がほとんどできない。多くの問題行動や理解力の低下がみられることがある。
要介護5	最重度の介護を要する状態。日常生活動作や複雑な動作、移動、排泄や食事がほとんどできず、多くの問題行動や理解力の低下が見られることがある。
非該当	日常生活上、基本的な動作は自分で行うことができ、かつ、薬の管理や内服、電話の応対など日常生活に欠かせないことも自分でできる状態。

ある。介護予防支援は、要支援認定者だけではなく第1号被保険者（65歳以上の者）すべてとその支援者が利用でき、要支援認定者へのサービスも予防給付の対象となる。診療報酬には予防給付の仕組みはないが、医療保険者の責務として特定健診や特定保健指導などの予防活動が行われる。

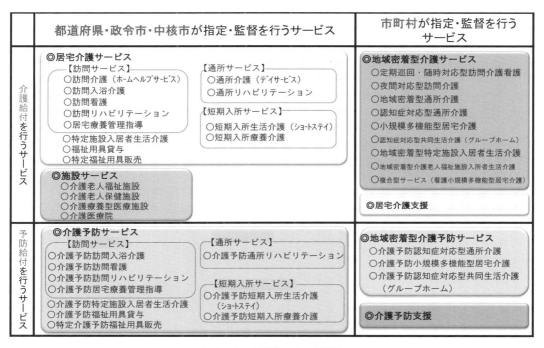

図3-2　介護サービスの種類

要介護認定

1　介護サービスの利用には、事前の認定申請・審査が必要

　医療保険制度の場合、医療保険証があれば自由に医療機関を受診して医療保険による医療サービスを利用できるが、介護保険による介護サービスの利用のためには、あらかじめ市町村役場へ要介護(要支援)認定を申請し、要介護状態区分の審査を受ける必要がある(図3-3)。また、要介護認定については定期的な更新が必要となる。申請(親族や事業者による代理申請も可)を受けた市町村は認定調査員を派遣して訪問面接調査を行う。

　更新や区分変更の申請の場合は、市町村は介護支援専門員などに認定調査を委託することができる。認定調査では、5分野(直接生活介助、間接生活介助、BPSD*2関連行為、機能訓練関連行為、医療関連行為)について、要介護認定基準時間等を算出し、認定却下、あるいは要支援1～要介護5の一次判定を行う。認定調査と並行して、市町村は申請者の主治医に対し主治医意見書の提出を求める。適切な主治医がいない場合には市町村が医師を指定するなどにより主治医意見書が作成される。主治医意見書は医療側(医師)が介護サービスに介入できる数少ない機会であり、主治医意見書に積極的に意見を記載することにより申請者の実情が要介護度の認定に反映し、介護認定審査会に変更の必要性が認められれば、一次判定区分が上下する。

2　介護サービスを計画的に組み合わせるケアプラン

　要介護認定は、介護サービスの必要度(どれくらい介護のサービスを行う必要があるか)を判断するもので、病気の重さと要介護度の高さとは必ずしも一致しない。例えば、身体の状況が比較的良好であっても、徘徊をはじめとする問題行動のために介護に要する手間が非常に多くかかる場合の要介護度は高くなる。要支援2と要介護1は、いずれも「部分的な介護を要する状態。日常生活動作に介助が必要で複雑な動作には支えが必要」な人の要介護状態区分であるが、状態の維持・改善の可能性の高い人は予防給付対象者として要

---

*2　せん妄・抑うつ・興奮・徘徊・睡眠障害・妄想ほか、認知症における「行動・心理症状」。「周辺症状」ともいわれる。認知症の進行に伴い、通常、認知機能が低下したことによる「中核症状」(記憶障害・判断力低下・見当識障害・言語障害・失行・失認ほか)に加え、環境や周囲の人々との関わりの中で、感情的な反応や行動上の反応が症状として発現する。

支援２に区分される。予防給付対象者の選定は、要介護認定の枠組みの中で、介護の手間に係る審査に加え、高齢者の「状態の維持・改善可能性」の観点を踏まえた明確な基準に基づく審査・判定を通じて行われる。要介護認定の結果通知は申請日から30日以内に届くが、認定は申請日に遡って有効であるので申請者は申請後すぐに介護サービスを利用することができる。介護サービスの利用は、医療保険のように、利用者が介護保険証を持って自由にサービス提供事業者の提供する介護サービスを利用し、利用料の払い戻しを介護保険窓口へ請求することも可能であるが、支給限度額を超えた分は自己負担となり、介護保険指定事業者ではないところのサービスの利用は全額自己負担となる。地域の指定事業者を利用して計画的に介護サービスを組み合わせることができれば自己負担を最少化することができるが、指定事業者の１つである居宅介護支援事業者へ相談すれば、そのような介護サービスの給付計画（ケアプラン）の作成とサービス利用の連絡調整が介護支援専門員（ケアマネジャー）によってなされ、ほとんどのサービスが現物給付となり、利用者は払い戻しの手間が省ける。ケアプランの作成費は全額介護保険から給付され、自己負担はない。

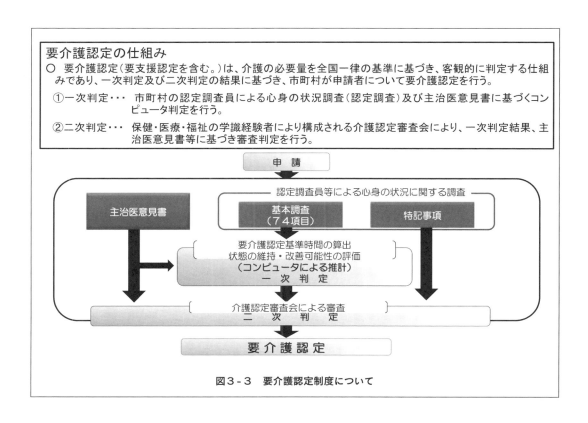

要介護認定の仕組み
○　要介護認定（要支援認定を含む。）は、介護の必要量を全国一律の基準に基づき、客観的に判定する仕組みであり、一次判定及び二次判定の結果に基づき、市町村が申請者について要介護認定を行う。

①一次判定・・・　市町村の認定調査員による心身の状況調査（認定調査）及び主治医意見書に基づくコンピュータ判定を行う。

②二次判定・・・　保健・医療・福祉の学識経験者により構成される介護認定審査会により、一次判定結果、主治医意見書等に基づき審査判定を行う。

申　　請

認定調査員等による心身の状況に関する調査

主治医意見書

基本調査
（７４項目）

特記事項

要介護認定基準時間の算出
状態の維持・改善可能性の評価
（コンピュータによる推計）
一　次　判　定

介護認定審査会による審査
一　次　判　定

要　介　護　認　定

図３-３　要介護認定制度について

⑤ 介護支援専門員（ケアマネジャー）

1　介護保険制度運用のキーパーソン＝介護支援専門員

　診療報酬の算定根拠となる病名を診断し、治療計画に基づき診療行為を行うなど、医療保険制度運用のキーパーソンは医師であるが、介護保険制度運用のキーパーソンは介護支援専門員である。介護支援専門員はケアマネジメントの要であり、要介護者・要支援者からの相談を受け、介護サービスの給付計画を作成し、市町村や介護サービス事業者との連絡調整等を行う有資格者である。介護支援専門員は居宅介護支援事業所・介護予防支援事業所・介護保険施設等に所属する。

　介護支援専門員として登録するには、都道府県知事が行う介護支援専門員実務研修受講試験に合格し、介護支援専門員実務研修の課程を修了しなければならない。登録を受けたものには介護支援専門員証が交付されるが、5年ごとに更新研修を受講して更新しなければならない。

　介護支援専門員実務研修受講試験の受験資格としては、法定資格（社会福祉士、精神保健福祉士、介護福祉士、医師、歯科医師、薬剤師、保健師、助産師、看護師、准看護師、理学療法士、作業療法士、視能訓練士、義肢装具士、歯科衛生士、言語聴覚士、あん摩マッサージ指圧師、はり師、きゅう師、柔道整復師、栄養士）所持者、老人福祉施設や障害者支援施設などで相談援助等の業務に従事した者や社会福祉主事任用資格やホームヘルパー2級等をもって介護等の業務に従事した者は5年以上の、それ以外の者は10年以上の相談援助・介護等の業務の実務経験が必要である。

　介護支援専門員実務研修受講試験の受験者数は、2017（平成29）年度までは13万人前後で推移していたが、受験資格の厳格化が行われ、2018（平成30）年度以降は4万人台となっている。①国家資格等に基づく業務経験を5年、②相談援助業務経験を5年、③介護資格を有し介護等業務経験を5年、④介護等業務経験を10年のうちいずれかを満たせばよかった受験資格が、「国家資格等に基づく業務」「生活相談員」「支援相談員」「相談支援専門員」「主任相談支援員」の通算業務年数が5年以上と限定され、介護等業務経験のみでの受験ができなくなったことが受験者数激減の主要因であるが、2019（令和元）年10月の「介護職員等特定処遇改善加算」の導入によりベテラン職員を中心として介護職員の給与水準が介護支援専門員に見劣りしなくなり、介護職員がケアマネジャーを目指す動機が薄れた

ことも受験者数減少の要因であろう。

2　介護支援専門員の施設別におけるそれぞれの役割

　居宅介護支援事業所の介護支援専門員の役割は、介護サービスの利用手続きの説明、要介護認定の申請の援助、居宅サービス計画の作成などである。居宅サービス計画については、解決課題の把握、サービス担当者会議の開催、実施状況の把握なども居宅介護支援事務所の運営基準として定められている。

　介護保険施設の介護支援専門員の役割は、入所者の課題分析、サービス担当者会議の開催、施設サービス計画の作成、実施状況の把握などである。

　地域包括支援センターには主任介護支援専門員が配置されている。主任介護支援専門員は、地域包括支援センターの役割の1つである包括的・継続的ケアマネジメント支援業務を遂行するため、次の役割を果たす。

・関係機関・多職種との連携・協働体制の構築
・医療との連携
・サービス担当者会議の開催支援
・施設・病院と居宅間の入退所、入退院時の連携
・介護支援専門員の地域ネットワークづくり
・介護支援専門員のスーパーバイズ
・支援が困難な事例への指導と助言

　主任介護支援専門員になるには、主任介護支援専門員研修を受講しなければならない。受講資格は、専任の介護支援専門員として5年以上の実務経験があること、ケアマネジメントリーダー養成研修修了者または日本ケアマネジメント学会の認定ケアマネジャーであって専任の介護支援専門員として3年以上の実務経験があること等である。

6 介護職

1 介護保険事業に携わる専門職

　医療保険事業では数十種の専門職が事業を担っているが、介護保険事業では、看護師・准看護師等の医療職種のほか、次の職種の者が携わっている。

〈介護福祉士〉

　介護福祉士は「社会福祉士及び介護福祉士法」に基づく国家資格である。介護福祉士は同法第2条第2項において「介護福祉士の名称を用いて、専門的知識及び技術をもつて、身体上又は精神上の障害があることにより日常生活を営むのに支障がある者につき心身の状況に応じた介護を行い、並びにその者及びその介護者に対して介護に関する指導を行うことを業とする者をいう」と位置づけられており、要介護者の様々な生活行為・生活動作を支援し、支える知識と技術を有する介護の専門資格として認知されている。福祉系高校あるいは指定養成施設を卒業した者、3年以上介護等の業務に従事した者で実務者研修を修了した者、経済連携協定により来日し3年以上介護等の業務に従事した者に介護福祉士国家試験の受験資格があり、国家試験に合格した者あるいは養成施設卒業の経過措置該当者に介護福祉士資格が付与される。

〈訪問介護員〉

　訪問介護、介護予防訪問介護については「介護福祉士その他政令で定める者」が行うと定められている。したがって訪問介護サービスを行う場合は主として介護福祉士を任用することになるが、「その他政令で定める者」は介護員養成研修（介護職員初任者研修）修了者とされている。介護員養成研修は、介護に携わる者が業務を遂行するうえで最低限の知識・技術を修得し基本的な介護業務を行うことができることを目的に構成された130時間（うち75時間は「こころとからだのしくみと生活支援技術」）のカリキュラムである。

〈介護職員〉

　訪問介護以外のサービスで利用者の介護にあたる者は介護職員と呼ばれている。介護職員の多くは介護福祉士あるいは介護員養成研修修了者であるが、有資格者や研修修了者で

なくとも介護職員としての業務を行うことができる。介護サービスごとの運営基準に介護職員・看護職員の配置や業務が定められているので、定められた業務の遂行能力のある人材を介護職員として配置しなければならない。介護福祉士と一定の研修を受けて認定証が交付された介護職員等については、喀痰吸引等の業務を行う事業所として都道府県知事登録を受けた事業所において、保健師助産師看護師法の規定にかかわらず、医師の指示のもとで診療の補助として、痰の吸引や経管栄養ができる。

〈福祉用具専門相談員〉

　福祉用具の貸与または販売は、福祉用具専門相談員から福祉用具に関する専門的知識に基づく助言を受けて行われることが要件となっている。保健師、看護師、准看護師、理学療法士、作業療法士、義肢装具士、社会福祉士、介護福祉士、福祉用具専門相談員指定講習(講義32時間・演習8時間)修了者が福祉用具専門相談員となることができる。

〈介護相談員〉

　介護保険制度が施行されるとともに、市町村事業として介護相談員派遣等事業が始まっている。介護サービスの提供の場を訪問し、サービス利用者の話を聞き、相談に応じる等の活動を行う者として登録される介護関連職であるが、実務経験や専門資格がなくとも介護相談員養成研修(訪問実習を挟んで前期研修が24時間、後期研修が5時間、現任研修が11時間等)を修了すれば介護相談員の登録を受けることができる。

　介護相談員のほかにも、経験・資格を問わず養成講座研修受講のみが要件となっているものに「認知症サポーター」がある。認知症サポーターは、認知症に対する正しい知識と理解を持ち、地域で認知症の人やその家族に対してできる範囲で手助けする、地域住民目線で認知症高齢者を身近で支える人たちであり、すでに1,200万人以上が誕生している。実施主体は、都道府県・市町村等自治体、自治体からの委託を受けたNPOなどである。

介護保険事業の開業

1　介護サービスの種類ごとに都道府県の指定が必要

　介護保険で介護サービスを提供する事業者は都道府県知事（地域密着型サービスは市町村長）の指定を受ける。指定事業者になるためには、法人格をもつこと、人員基準・設備運営基準を満たすことなどの条件がある。介護保険事業を開業するためには、サービスの種類ごとに都道府県に介護保険事業者としての指定を受ける必要がある。担当窓口と事前相談の上、指定申請書を提出すれば、現地調査、審査を経て指定を得ることができる。通常、指定を得るのに申請から2か月を要するが、居宅療養管理指導（介護予防含む）、訪問看護（介護予防含む）、訪問リハビリテーション（介護予防含む）については、申請をしなくても、保険医療機関は介護保険における指定があったと見なされる（「指定を不要とする旨」の申し出を行った場合は改めて申請が必要）。

2　地域密着型サービス事業の申請は市町村へ

　地域密着型サービスは市町村が指定・監督を行うサービスなので、指定申請書の提出先は市町村である。指定事項に変更があったり、事業を休止、廃止、再開したときは10日以内に届け出なければならない。また、指定の効力は6年なので、サービス事業ごとに、6年ごとに更新手続きが必要である。介護保険事業の開業後は年1回の介護サービス情報の報告が義務付けられる。運営主体、事業所名、所在地、定員、利用料金、職員体制、サービス提供時間などの基本情報と、サービスの運営等に関する調査情報を報告するが、これらの情報は利用者が閲覧できるように公表される。

確認問題

問題

問題 1　介護保険制度について、正しいのはどれか。

［選択肢］

①地域により不公平が生じないよう、介護給付費は同一サービスに対して全国同一単価である。

②要介護度、要支援度ごとに月額支給限度額が定められており、支給限度額を超過するサービスと介護保険サービスとの混合介護は認められない。

③介護保険の利用者負担額が基準額を超えて高額になった場合には、医療保険の高額療養費制度と同様、利用者負担額が軽減される高額介護サービス費支給制度がある。

④介護福祉士は5年以上の介護業務の実務経験があれば介護支援専門員として登録できる。

⑤保険医療機関が居宅療養管理指導、訪問看護、訪問リハビリテーションの介護保険事業を行う場合は、都道府県知事へ指定申請を行わなければならない。

解答 1　③

解説 1

①看護・介護職員の人件費の地域差を考慮し、地域区分やサービスの種類ごとに単価が異なっている。

②医療保険と異なり、介護サービスの利用者が超過分の全額を負担することで支給限度額以内の介護保険サービスを提供することができる。

③選択肢のとおり。

④介護支援専門員として登録するには、都道府県知事が行う介護支援専門員実務研修受講試験に合格し、介護支援専門員実務研修の課程を修了しなければならない。介護支援専門員実務研修受講試験の受験資格は「国家資格等に基づく業務」「生活相談員」「支援相談員」「相談支援専門員」「主任相談支援員」の通算業務年数が5年以上である。

⑤居宅療養管理指導(介護予防含む)、訪問看護(介護予防含む)、訪問リハビリテーション(介護予防含む)については、申請をしなくても、保険医療機関は介護保険における指定があったと見なされる(「指定を不要とする旨」の申し出を行った場合は改めて申請が必要)。

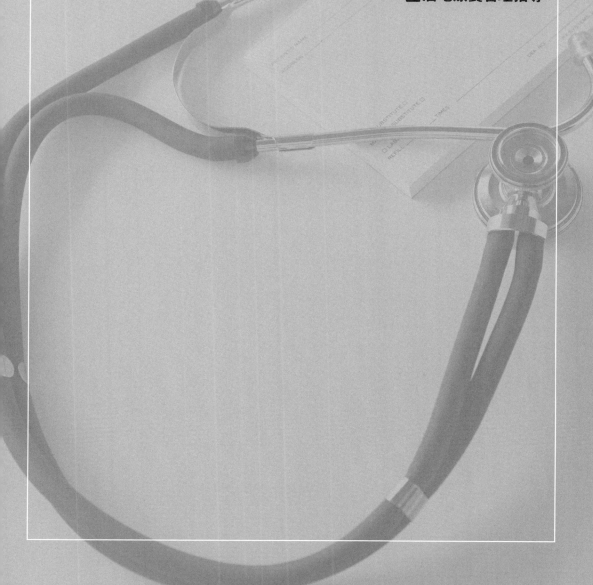

第4章

訪問系サービス

1 訪問介護
2 定期巡回・随時対応型訪問介護看護〈地域密着型〉
3 夜間対応型訪問介護〈地域密着型〉
4 訪問入浴介護
5 訪問看護
6 訪問リハビリテーション
7 居宅療養管理指導

訪問介護

1　行為に応じ、身体介護・生活援助・通院等乗降介助に区分

　訪問介護とは、訪問介護員等^{＊3}が利用者(要介護者)の居宅を訪問し、入浴・排せつ・食事等の介護、調理・洗濯・掃除等の家事等を提供するものをいう。

　訪問介護は、その行為の内容に応じ、次の3類型に区分される。

　①身体介護……利用者の身体に直接接触して行われるサービス等(例：入浴介助、排せつ介助、食事介助　等)

　②生活援助……身体介護以外で、利用者が日常生活を営むことを支援するサービス(例：調理、洗濯、掃除　等)

　③通院等乗降介助……通院等のための乗車または降車の介助(乗車前・降車後の移動介助等の一連のサービス行為を含む)

　要介護度別の構成割合を比較すると、要介護度が高くなるにつれて、身体介護中心型の比率が高くなっている(図4-1)。

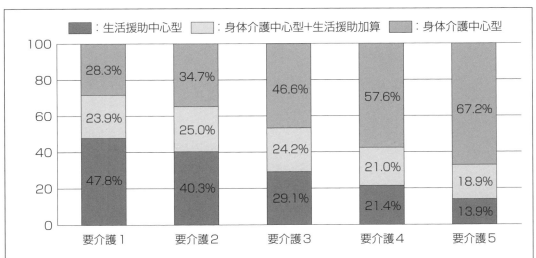

図4-1　訪問介護　要介護度別の内容類型別受給者数の構成割合
出典：厚生労働省「平成30年度介護給付費等実態統計」

訪問介護利用者の認知症高齢者の日常生活自立度別割合は図4-2のとおりである。

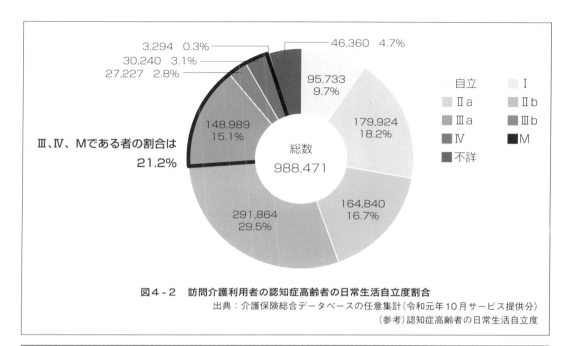

図4-2 訪問介護利用者の認知症高齢者の日常生活自立度割合
出典：介護保険総合データベースの任意集計（令和元年10月サービス提供分）
（参考）認知症高齢者の日常生活自立度

ランク	判定基準	見られる症状・行動の例
Ⅰ	何らかの認知症を有するが、日常生活は家庭内及び社会的にほぼ自立している。	
Ⅱ	日常生活に支障を来たすような症状・行動や意思疎通の困難さが多少見られても、誰かが注意していれば自立できる。	
Ⅰa	家庭外で上記Ⅱの状態がみられる。	たびたび道に迷うとか、買物や事務、金銭管理などそれまでできたことにミスが目立つ等
Ⅱb	家庭内でも上記Ⅰの状態が見られる。	服薬管理ができない、電話の応対や訪問者との対応など一人で留守番ができない等
Ⅲ	日常生活に支障を来たすような症状行動や意思疎通の困難さが見られ、介護を必要とする。	
Ⅲa	日中を中心として上記Ⅲの状態が見られる。	着替え、食事、排便、排尿が上手にできない、時間がかかる。やたらに物を口に入れる、物を拾い集める、俳徊、失禁、大声・奇声をあげる、火の不始末、不潔行為、性的異常行為等
Ⅲb	夜間を中心として上記Ⅲの状態が見られる。	ランクⅢaに同じ
Ⅳ	日常生活に支障を来たすような症状・行動や意思疎通の困難さが頻繁に見られ、常に介護を必要とする。	ランクⅢに同じ
Ⅴ	著しい精神症状や問題行動あるいは重篤な身体疾患が見られ、専門医療を必要とする。	せん妄、妄想、興奮、自傷・他害等の精神症状や精神症状に起因する問題行動が継続する状態等

*3 介護福祉士、実務者研修修了者、介護職員初任者研修修了者、生活援助従事者研修修了者（生活援助中心型のみ提供可能）、居宅介護または重度訪問介護を提供している者（共生型サービスのみ提供可能）、旧介護職員基礎研修修了者、旧訪問介護員1級課程修了者、または旧訪問介護員2級課程修了者をいう。

　介護サービス職員の有効求人倍率を見ると、施設介護職員と比較して、訪問介護員の有効求人倍率が高くなっており、2019（令和元）年度時点で15.03倍となっている。職種別の介護労働者の人手不足感を見ると、約8割の事業所が、訪問介護員の不足を感じている（図4 - 3）。

　訪問介護の収支差率（2019年度決算　税引前）は2.6％、収入に対する給与費の割合は77.6％である。

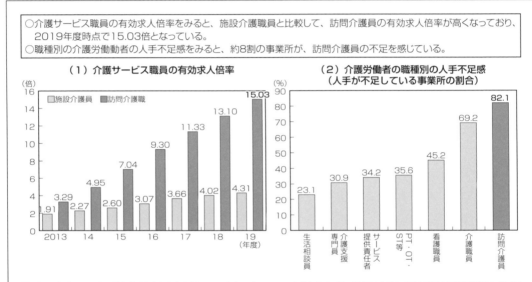

図4 - 3　訪問介護員の人手不足の現状

② 定期巡回・随時対応型訪問介護看護〈地域密着型〉

1 医療ニーズが高い高齢者の在宅生活を支える仕組み

　定期巡回・随時対応型訪問介護看護とは、定期巡回訪問、または、随時通報を受け利用者（要介護者）の居宅を介護福祉士等が訪問し、入浴・排せつ・食事等の介護、調理・洗濯・掃除等の家事等を行うとともに、看護師等による療養上の世話や診療の補助を行うもの（訪問看護を一体的に行う場合）、または、定期巡回訪問、または、随時通報を受け訪問看護事業所と連携しつつ、利用者（要介護者）の居宅を介護福祉士等が訪問し、入浴・排せつ・食事等の介護、調理・洗濯・掃除等の家事等を行うもの（他の訪問看護事業所と連携し訪問看護を行う場合）のうち、いずれかをいう。

　訪問介護などの在宅サービスが増加しているものの、重度者をはじめとした要介護高齢者の在宅生活を24時間支える仕組みが不足していることに加え、医療ニーズが高い高齢者に対して医療と介護との連携が不足しているとの問題があったため、①日中・夜間を通じて、②訪問介護と訪問看護の両方を提供し、③定期巡回と随時の対応を行うサービス類型として2012（平成24）年に創設された（図4-4）。

　定期巡回・随時対応型訪問介護看護の収支差率（2019年度決算　税引前）は6.6%、収入に対する給与費の割合は78.8%である。

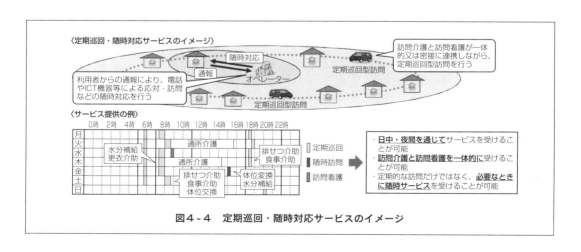

図4-4　定期巡回・随時対応サービスのイメージ

3 夜間対応型訪問介護〈地域密着型〉

1 夜間における「定期巡回」と「随時対応」のサービスを提供

　夜間対応型訪問介護とは、夜間（18〜8時）において定期的に利用者の居宅を巡回して行う定期巡回サービス、または、あらかじめ利用者の心身の状況、その置かれている環境等を把握した上で、利用者からの通報を受け、通報内容等をもとに訪問介護員等の訪問の要否等を判断するオペレーションセンターサービス、オペレーションセンター等からの随時の連絡に対応して行う随時訪問サービスの組み合わせからなり、利用者（要介護者）の居宅を訪問介護員等が訪問し、入浴・排せつ・食事等の介護等の提供、安否確認や救急車の手配などを行うものをいう。要支援1・2の人は利用できない。

　在宅にいる場合も、利用者が夜間を含め24時間安心して可能な限り自宅で自立した日常生活をできる体制の整備が必要であるとの考えから、2006（平成18）年に、①夜間における定期巡回と②通報による随時対応を合わせた夜間における訪問介護サービスの提供のみを想定したサービス類型として創設された。

　夜間対応型訪問介護の収支差率（2019年度決算　税引前）は2.5％、収入に対する給与費の割合は82.8％であり、40.9％の事業所が赤字である。

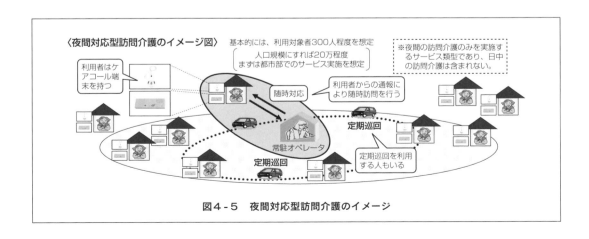

図4-5　夜間対応型訪問介護のイメージ

訪問入浴介護

1 利用者の身体の清潔の保持、心身機能の維持等を図る

　訪問入浴介護とは、要介護状態となった場合においても、その利用者が可能な限りその居宅において、その有する能力に応じ自立した日常生活を営むことができるよう、居宅における入浴の援助を行うことによって、利用者の身体の清潔の保持、心身機能の維持等を図るものをいう。訪問入浴介護の利用者は、要介護3以上が約9割であり、平均要介護度は4.1である。

　指定訪問入浴介護事業者が事業所ごとに置くべき従業者の員数については、次のとおり。
・看護師または准看護師1人以上
・介護職員2人以上（介護予防訪問入浴介護の場合には1人以上）

　また、指定訪問入浴介護事業者は、指定訪問入浴介護事業所ごとに専らその職務に従事する常勤の管理者を置かなければならない。

　加えて、指定訪問入浴介護事業所には、事業の運営を行うために必要な広さを有する専用の区画を設けるほか、指定訪問入浴介護の提供に必要な浴槽等の設備および備品を備えなければならないとされている。

　訪問入浴介護は、要介護者の清潔の保持のために重要なサービスであり、利用者のQOL向上にも役立つサービスであるにもかかわらず、実施事業所数は減少傾向にある。新規の利用者に対して、訪問入浴介護事業所の職員が初回のサービス提供を行う前に居宅を訪問し、訪問入浴介護の利用に関する調整（浴槽の設置場所や給排水の方法の確認等）を行った場合の経費が事業所の持ち出しになることなどの課題があったためであるが、今回の介護報酬改定では、「初期加算」が創設されるなどの見直しが行われた。

　訪問介護の収支差率（2019年度決算　税引前）は3.6％、収入に対する給与費の割合は66.0％であり、41.3％の事業所が赤字である。

⑤ 訪問看護

1　居宅における看護師等による療養上の世話または診療の補助

　訪問看護とは、疾病または負傷により居宅において継続して療養を受ける状態にある者に対し、その者の居宅において看護師等による療養上の世話または必要な診療の補助を行うものをいう。サービス提供は、病院・診療所または訪問看護ステーションが行うことができる。利用者は年齢や疾患、状態によって医療保険または介護保険いずれかの適用となるが、介護保険の給付は医療保険の給付に優先する（図4 - 6）。要介護者等については、末期の悪性腫瘍、難病患者、急性増悪等による主治医の指示があった場合などに限り、医療保険の給付による訪問看護が行われる。

2　医療・介護の両保険制度において1万を超える事業所数

　訪問看護事業所の数は、医療保険、介護保険の両制度において事業所数が1万か所を超えている。一方、介護保険の訪問看護を算定する病院・診療所は減少傾向である。介護保険の利用者は、「循環器系の疾患」「筋骨格系及び結合組織の疾患」が多く、医療保険の利用者は、「神経系の疾患」「精神及び行動の障害」が多い。訪問看護の看護内容は、介護度が高くなるにつれ「家族等の介護指導・支援」「身体の清潔保持の管理・援助」「排泄の援助」等の実施割合が高くなっている。訪問看護の医療処置にかかる看護内容は、介護度が高くなるにつれ「浣腸・摘便」「褥瘡の予防」「胃瘻の管理」等の実施割合が高くなっている。

　医療機関等から退院・退所した際に、在宅療養へスムーズに移行できるよう支援することは重要であり、退院・退所当日の介護保険による訪問看護について、特別管理加算の対象に該当する者（厚生労働大臣が定める状態等にある者）に加え、2021（令和3）年度改定において、主治の医師が必要と認める場合も算定が可能となった。退院当日に訪問が必要であった利用者の疾患は、末期がん、呼吸器疾患が多い。

3　看護職員の割合が低下し、理学療法士等による訪問が増加

　訪問看護ステーションの従事者数は年々増加しており、1事業所あたりの従事者数は7.1

人であるが、全従事者に占める看護職員の割合は約７割で低下傾向である。訪問看護ステーションにおける訪問看護費の請求回数は、訪問看護の一環としての理学療法士等による訪問が増加している。特に、要支援における理学療法士等による訪問の割合が高い。

訪問看護の収支差率（2019年度決算　税引前）は4.4％、収入に対する給与費の割合は78.0％である。

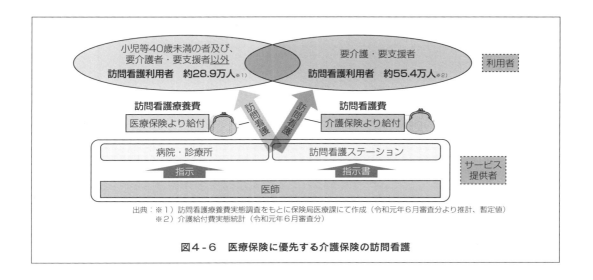

出典：※１）訪問看護療養費実態調査をもとに保険局医療課にて作成（令和元年６月審査分より推計、暫定値）
　　　※２）介護給付費実態統計（令和元年６月審査分）

図4-6　医療保険に優先する介護保険の訪問看護

6 訪問リハビリテーション

1 居宅要介護者の自立支援に向けたリハビリテーション

　訪問リハビリテーションとは、居宅要介護者について、その者の居宅において、その心身の機能の維持回復を図り、日常生活の自立を助けるために行われる理学療法、作業療法その他必要なリハビリテーションを、病院、診療所、介護老人保健施設または介護医療院が行うものをいう。

　訪問リハビリテーションを提供するために必要な人員基準は以下のとおり。
・医師……専任の常勤医師1人以上。ただし、病院、診療所と併設されている事業所、介護老人保健施設、介護医療院では、当該病院等の常勤医師の兼務で差し支えない。
・理学療法士、作業療法士、言語聴覚士……適当数置かなければならない。

2 受給者数、特に要支援の受給者数が年々増加

　訪問リハビリテーション費は「通院が困難な利用者」に対して給付することとされているが、通所リハビリテーションのみでは、家屋内におけるADLの自立が困難である場合の家屋状況の確認を含めた訪問リハビリテーションの提供など、ケアマネジメントの結果、必要と判断された場合は訪問リハビリテーション費を算定できる。「通院が困難な利用者」の趣旨は、通院により、同様のサービスが担保されるのであれば、通所系サービスを優先すべきということである。

　訪問リハビリテーションの受給者数は年々増加しており、特に要支援の受給者が増加している。訪問リハビリテーションが必要となった原因の傷病としては脳卒中と骨折が多い。訪問リハビリテーションの平均利用期間は約11か月である。

　訪問リハビリテーションの収支差率（2019年度決算　税引前）は2.4％、収入に対する給与費の割合は72.3％である。

居宅療養管理指導

1 通院困難者の心身状況等を踏まえ療養上の管理指導を行う

　居宅療養管理指導とは、要介護状態となった場合でも、利用者が可能な限り居宅で、有する能力に応じ自立した日常生活を営むことができるよう、病院、診療所、薬局等の医師、歯科医師、薬剤師、管理栄養士または歯科衛生士等が、通院が困難な利用者の居宅を訪問して、心身の状況、置かれている環境等を把握し、それらを踏まえて療養上の管理および指導を行うことにより、その者の療養生活の質の向上を図るものをいう。

　2018（平成30）年度介護報酬改定では、訪問人数に応じた評価の見直し（単一建物居住者が①1人、②2〜9人、③10人以上で区別）、看護職員による居宅療養管理指導の廃止、離島や中山間地域に居住する者へのサービス提供加算の創設がなされた。

2 各職種が行うべき居宅療養管理指導の概要

　各職種が行う指導の概要は次のとおり。

〈医師・歯科医師〉

○計画的かつ継続的な医学的管理または歯科医学的管理に基づいて実施

○居宅介護支援事業者に対する、居宅サービス計画の策定等に必要な情報提供

○居宅要介護者や家族等に対する、居宅サービスを利用する上での留意点や介護方法等についての指導および助言

○訪問診療または往診を行った日に限る

〈薬剤師〉

○医師または歯科医師の指示に基づいて実施される薬学的な管理および指導

○居宅介護支援事業者に対する、居宅サービス計画の策定等に必要な情報提供

〈管理栄養士〉

○計画的な医学的管理を行っている医師の指示に基づき、栄養管理に係る情報提供および指導または助言を30分以上行う

〈歯科衛生士等〉

○訪問歯科診療を行った歯科医師の指示およびその歯科医師の策定した訪問指導計画に基づいて実施される口腔内や有床義歯の清掃または摂食・嚥下機能に関する実地指導

3　多職種間での情報共有促進の観点から新設された指導事項

　居宅療養管理指導については、利用者がその有する能力に応じ自立した日常生活を営むことができるよう、より適切なサービスを提供していく観点から、近年、「かかりつけ医等が患者の社会生活面の課題にも目を向け、地域社会における様々な支援へとつなげる取り組み」を進める動きがあることも踏まえ、また多職種間での情報共有促進の観点から、2021（令和3）年度介護報酬改定において、各職種が行う指導に次の事項が加わった。

〈医師・歯科医師〉

・居宅療養管理指導の提供に当たり、利用者の社会生活面の課題にも目を向け、利用者の多様なニーズについて地域における多様な社会資源につながるよう留意し、必要に応じて指導、助言等を行う。

〈薬剤師・歯科衛生士・管理栄養士〉（共通）

・居宅療養管理指導の提供に当たり、（上記の）医師・歯科医師の指導、助言等につながる情報の把握に努め、必要な情報を医師または歯科医師に提供する。

〈薬剤師〉

・療養上適切な居宅サービスが提供されるために必要があると認める場合や、居宅介護支援事業者等から求めがあった場合は、居宅サービス計画の作成、居宅サービスの提供等に必要な情報提供または助言を行う。

〈管理栄養士〉

・当該事業所以外の他の医療機関、介護保険施設、日本栄養士会または都道府県栄養士会が設置・運営する「栄養ケア・ステーション」の管理栄養士が実施する場合の区分が新設された。

確認問題

問題

問題 1 訪問系サービスについて、誤っているのはどれか。

[選択肢]

①訪問介護は、要介護度が高くなるにつれて、生活援助中心型より身体介護中心型の比率が高くなっている。

②定期巡回・随時対応型訪問介護看護は、医療ニーズが高い高齢者の在宅生活を支える高度なサービスであり、都道府県知事の指定事業である。

③夜間対応型訪問介護は市町村長が指定する地域密着型サービスである。

④訪問看護は、利用者の年齢や疾患、状態によって医療保険または介護保険いずれかの適用となるが、介護保険の給付は医療保険の給付に優先する。

⑤訪問看護には、訪問看護ステーションに従事する理学療法士が行う訪問サービスも含まれる。

②

①③④⑤は選択肢のとおり。

②の定期巡回・随時対応型訪問介護看護は地域密着型サービスである。

第5章

通所系サービス

1 通所介護・地域密着型通所介護

2 療養通所介護〈地域密着型〉

3 認知症対応型通所介護〈地域密着型〉

4 通所リハビリテーション

通所介護・地域密着型通所介護

1　利用者の社会参加活動や地域住民との交流を促進

　通所介護とは、利用者(要介護者)を老人デイサービスセンター等に通わせ、当該施設において、入浴・排せつ・食事等の介護、生活等に関する相談および助言・健康状態の確認その他日常生活上の世話、機能訓練を行うものをいう。2016(平成28)年より小規模な通所介護は地域密着型サービスへ移行した。

　通所介護サービスを提供するために必要な職員・設備等は次のとおり(表5-1、表5-2)。

表5-1　人員基準

生活相談員	事業所ごとにサービス提供時間に応じて専従で1以上（常勤換算方式） (生活相談員の勤務時間数としてサービス担当者会議、地域ケア会議等も含めることが可能)
看護職員（※）	単位ごとに専従で1以上 (通所介護の提供時間帯を通じて専従する必要はなく、訪問看護ステーション等との連携も可能)
介護職員（※）	①　単位ごとにサービス提供時間に応じて専従で次の数以上（常勤換算方式） ア　利用者の数が15人まで1以上 イ　利用者の数が15人を超す場合アの数に利用者の数が1増すごとに0.2を加えた数以上 ②　単位ごとに常時1名配置されること ③　①の数および②の条件を満たす場合は、当該事業所の他の単位における介護職員として従事することができる
機能訓練指導員	1以上
生活相談員または介護職員のうち1人以上は常勤	

※定員10名以下の地域密着型通所介護事業所の場合は看護職員または介護職員のいずれか1名の配置で可(常勤換算方式)

表5-2　設備基準

食堂	それぞれ必要な面積を有するものとし、その合計した面積が利用定員×3.0㎡以上
機能訓練室	
相談室	相談の内容が漏えいしないよう配慮されている

※指定通所介護事業所と指定居宅サービス事業所等が併設している場合に、利用者へのサービス提供に支障がない場合は、基準上両方のサービスに規定があるものおよび規定はないが設置されるものは共用可

　通所介護については、利用者の地域における社会参加活動や地域住民との交流を促進する観点から、2021（令和３）年度改定において、地域密着型通所介護等と同様に、その事業の運営に当たって、地域住民やボランティア団体等との連携および協力を行う等の地域との交流に努めなければならないこととされた。

　通所介護・地域密着型通所介護の事業所数の推移は**図５−１**のとおり。通所介護の収支差率（2019年度決算　税引前）は3.2％、収入に対する給与費の割合は63.8％である。地域密着型通所介護の収支差率（2019年度決算　税引前）は1.8％、収入に対する給与費の割合は64.2％である。

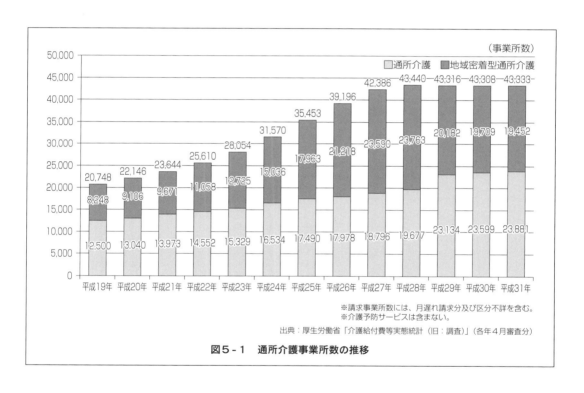

図５−１　通所介護事業所数の推移

② 療養通所介護〈地域密着型〉

1　対象利用者は、看護師による観察が必要ながん末期患者等

　療養通所介護とは、主に、難病、認知症、脳血管疾患後遺症等を有する重度要介護者やがん末期の者であって、サービス提供に当たり看護師による観察が必要な利用者を対象とする地域密着型サービスである。

　入浴、排せつ、食事等の介護その他の日常生活上の世話や機能訓練を行うことで、利用者の社会的孤立感の解消や心身の機能の維持、利用者の家族の身体的・精神的負担の軽減を図る（図5-2）。

　医療ニーズと介護ニーズを併せ持つ在宅の中重度者等の通所ニーズに対応する観点から2006（平成18）年に利用定員数5名で創設され、以降、利用定員数は8名（2009〔平成21〕年）、9名（2012〔平成23〕年）、18名（2018〔平成30〕年）と増員されている。2015（平成27）年には、中重度の医療ニーズを有する要介護高齢者で、医療機器等が付属する者の入浴介助、移動に係る人員体制を評価する入浴介助体制強化加算、個別送迎体制強化加算が

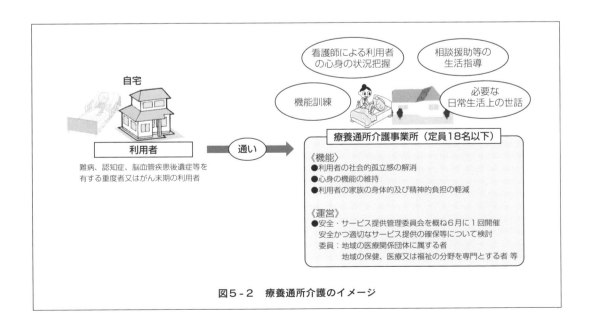

図5-2　療養通所介護のイメージ

新設され、2016（平成28）年には、小規模な通所介護の地域密着型サービスへの移行に伴い地域密着型通所介護の一類型となった（表5-3、表5-4）。

表5-3　療養通所介護の基準

項目		内容
管理者		○専らその職務に従事する常勤の看護師（管理上支障がない場合、同一敷地内にある他の事業所、施設等と兼務可能）
看護職員または介護職員の数		○提供時間帯を通じて、利用者の数が1.5に対し専ら当該指定療養通所介護の提供に当たる者が1以上 ○1人以上は専ら指定療養通所介護の職務に従事する常勤の看護師
利用定員		○18人以下
設備・備品等	事業所	○専用の部屋のほか、消火設備、その他非常災害に際して必要な設備、その他サービス提供に必要な設備および備品等
	専用の部屋	○利用者1人につき6.4平方メートル以上 ○明確に区分され、他の部屋等から完全に遮断されていること

表5-4　療養通所介護の変遷

年	内容
2006年	**通所介護における療養通所介護の創設** 医療ニーズと介護ニーズを併せ持つ在宅の中重度者等の通所ニーズに対応する観点から創設
2009年	**利用定員数の見直し** 医療・介護ニーズを併せ持つ利用者の増大に伴い利用定員を5名から8名に引き上げ
2012年	**利用定員数の見直し** 医療・介護ニーズを併せ持つ利用者の増大に伴い利用定員を9名に引き上げ
2015年	**入浴介助体制強化加算（新設）** 中重度の医療ニーズを有する要介護高齢者で、医療機器等が付属する者の入浴介助を評価 **個別送迎体制強化加算（新設）** 中重度の医療ニーズを有する要介護高齢者で、移動に係る人員体制を評価
2016年	**地域密着型通所介護の一類型に規定** 小規模な通所介護の地域密着型サービスへの移行に伴い2016年4月より地域密着型通所介護の一類型に
2018年	**利用定員数の見直し** 地域共生社会の実現に向けた取組を推進する観点から定員数を18名に見直し

3 認知症対応型通所介護〈地域密着型〉

1 認知症高齢者を対象とする3類型によるサービス

　認知症対応型通所介護とは、認知症（急性を除く）の高齢者に対して、必要な日常生活上の世話および機能訓練を行い、高齢者の社会的孤立感の解消および心身の機能の維持並びにその家族の身体的および精神的負担の軽減を図ることを目的として行うものであり、次の3類型がある。

- **単独型**……特別養護老人ホーム、養護老人ホーム、病院、診療所、介護老人保健施設、介護医療院、社会福祉施設または特定施設（以下特別養護老人ホーム等という。）に併設されていない事業所において実施
- **併設型**……特別養護老人ホーム等に併設されている事業所において実施
- **共用型**……認知症対応型共同生活介護事業所、地域密着型特定施設、地域密着型介護老人福祉施設の食堂もしくは共同生活室を使用して実施

　認知症対応型通所介護サービスを提供するために必要な職員の人員配置や設備等は次のとおり（表5-5）。

　認知症対応型通所介護事業所数の推移は図5-3のとおり。

表5-5　人員配置および設備

人員配置	生活相談員（社会福祉士等）	事業所ごとにサービス提供時間に応じて専従で1以上（常勤換算方式） （生活相談員の勤務時間数としてサービス担当者会議、地域ケア会議等を含めることが可能）
	看護職員（看護師・准看護師）介護職員	単位ごとに専従で1以上＋サービス提供時間に応じて1以上（常勤換算方式） （看護職員については、必ずしも配置しなければならないものではない）
	機能訓練指導員	1以上
	管理者	厚生労働大臣が定める研修を修了している者が、常勤専従
	※共用型の場合 従業員数：（認知症対応型共同生活介護事業所等の）各事業ごとに規定する従業者の員数を満たすために必要な数以上管理者数：単独型・併設型と同様	
設備	単独型・併設型	○食堂、機能訓練室、静養室、相談室および事務室のほか、消火設備その他の非常災害に際して必要な設備等を備える。食堂および機能訓練室は3㎡×利用定員以上の面積とする。

　認知症対応型通所介護の収支差率（2019年度決算　税引前）は5.6％、収入に対する給与費の割合は66.9％である。

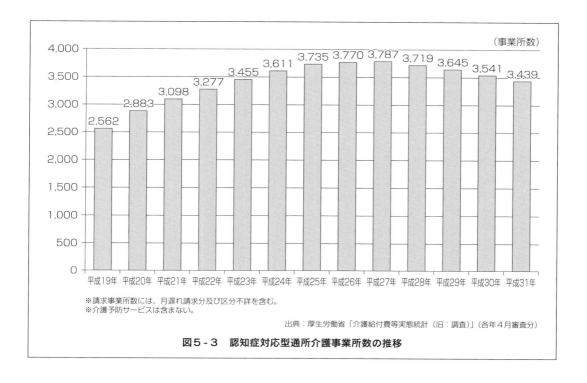

図5-3　認知症対応型通所介護事業所数の推移

通所リハビリテーション

1　脳卒中や骨折等を原因に、特に要支援の受給者が増加

　通所リハビリテーションとは、介護老人保健施設、病院、診療所その他厚生労働省令で定める施設で行う、居宅要介護者に対する、心身の機能の維持回復を図り、日常生活の自立を助けるための理学療法、作業療法、その他必要なリハビリテーションを行うことをいう。開設者種別では、病院・診療所が55％、介護老人保健施設が45％となっている。受給者数は年々増加しており、特に要支援の受給者が増加している。

　通所リハビリテーションが必要となった原因の傷病としては脳卒中と骨折が多い。要支援者は、週1～2回の利用が95％以上を占め、要介護者は週1～3回の利用が約90％を占める。要介護者については、すべての要介護度で、6～7時間の利用が最も多い。

　通所リハビリテーションの基本報酬については、スケールメリットを考慮しつつ全体と

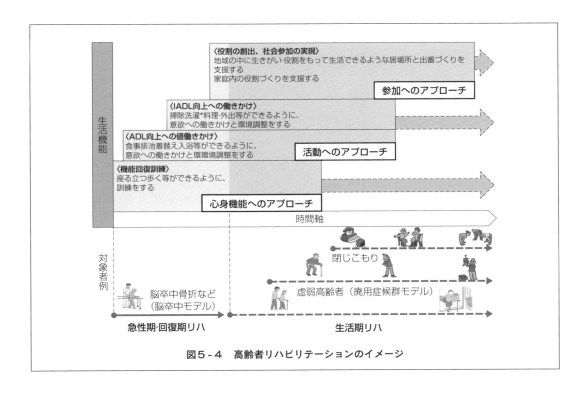

図5-4　高齢者リハビリテーションのイメージ

して事業所の規模の拡大による経営の効率化に向けた努力を損なうことがないように設定されており、延べ利用者数の増加に伴い、収支差率もプラスとなっている。

通所リハビリテーションの収支差率（2019年度決算　税引前）は1.8%、収入に対する給与費の割合は66.7%である。

高齢者リハビリテーションのイメージは図のとおりである（図5-4）。

利用者のADLの改善が大きい事業所は大規模事業所が多く、短時間サービスの提供は少なく、要介護4～5の利用者が多く、中重度者ケア体制加算と短期集中個別リハ実施加算の算定者割合が高い。通所リハビリテーションの事業所数の推移は図5-5のとおりで、毎年増加している。平均利用期間は約15か月である。

通所リハビリテーションの収支差率（2019年度決算　税引前）は1.8%、収入に対する給与費の割合は66.7%である

通所リハビリテーションを提供するために必要な職員・設備等は次のとおり（表5-6、表5-7）。

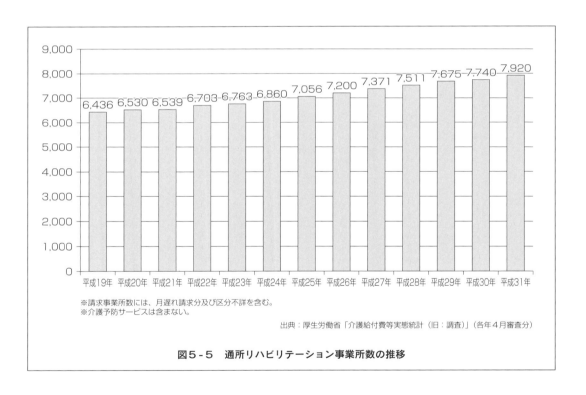

※請求事業所数には、月遅れ請求分及び区分不詳分を含む。
※介護予防サービスは含まない。

出典：厚生労働省「介護給付費等実態統計（旧：調査）」（各年4月審査分）

図5-5　通所リハビリテーション事業所数の推移

表5-6　人員配置および設備

人員配置	医師	専任の常勤医師1以上 （病院、診療所と併設されている事業所、介護老人保健施設、介護医療院では、当該病院等の常勤医師との兼務で差し支えない）
	従事者（理学療法士、作業療法士、言語聴覚士、看護師、准看護師、介護職員）	単位ごとに利用者10人に1以上
	理学療法士、作業療法士、言語聴覚士	上の内数として、単位ごとに利用者100人に1以上 （所要1〜2時間の場合、適切な研修を受けた看護師、准看護師、柔道整復師、あん摩マッサージ師で可）
設備	リハビリテーションを行う専用の部屋	指定通所リハビリテーションを行うに必要な専用の部屋（3平方メートルに利用定員を乗じた面積以上）

表5-7　通所リハビリテーションと通所介護の要件等の比較

	通所リハビリテーション	通所介護
サービスを提供する施設	病院、診療所、介護老人保健施設、介護医療院	（—）
医師の配置	専任の常勤医師1以上	（—）
リハビリテーションや機能訓練を行う者の配置	理学療法士、作業療法士、言語聴覚士を単位ごとに利用者100人に1名以上 ※所要1〜2時間の場合は、適切な研修を修了している看護師、准看護師、柔道整復師、あん摩マッサージ師がリハビリテーションを提供可能	機能訓練指導員1以上 ※機能訓練指導員は、日常生活を営むのに必要な機能の減退を防止するための訓練を行う能力を有する者。この「訓練を行う能力を有する者」とは、理学療法士・作業療法士・言語聴覚士、看護職員、柔道整復師、一定のあん摩マッサージ指圧師はり師またはきゅう師の資格を有する者
実施内容・目的	【内容】理学療法、作業療法その他必要なリハビリテーション 【目的】利用者の心身機能の維持回復を図ること	【内容】必要な日常生活の世話および機能訓練を行うこと 【目的】利用者の社会的孤立感の解消、心身の機能の維持、利用者家族の身体的および精神的負担の軽減を図るもの
リハビリテーション計画書／通所介護計画書	通所リハビリテーション計画書 医師の診察内容や運動機能検査等の結果に基づき、サービス提供に関わる従業者が共同して、利用者毎に作成	通所介護計画書 利用者の心身の状況や希望、その置かれている環境を踏まえて、機能訓練等の目標、当該目標を達成するための具体的なサービスの内容等を記載し、利用者毎に作成

問題 1

次の通所系サービス（ア）～（ウ）について、地域密着型サービスの正しい組み合わせはどれか。

（ア）療養通所介護
（イ）認知症対応型通所介護
（ウ）通所リハビリテーション

［選択肢］

①（ア）（イ）（ウ）

②（ア）（イ）

③（ア）（ウ）

④（イ）（ウ）

⑤（イ）

確認問題

解答 1　②

解説 1

　療養通所介護は、小規模な通所介護の地域密着型サービスへの移行に伴い2016（平成28）年4月より地域密着型通所介護の一類型となった。また、認知症に特化した介護事業は地域密着型サービスに位置づけられている。

第6章

短期入所系サービス

■ 短期入所生活介護
■ 短期入所療養介護

短期入所生活介護

1　介護やその他の日常生活上の世話および機能訓練を行う

　短期入所生活介護とは、利用者が可能な限りその居宅において、その有する能力に応じ自立した日常生活を営むことができるよう、利用者(要介護者等)が老人短期入所施設、特別養護老人ホーム等に短期間入所し、当該施設において入浴、排泄、食事等の介護その他の日常生活上の世話および機能訓練を行うことにより、利用者の心身の機能の維持並びに利用者の家族の身体的および精神的負担の軽減を図るものである。

　短期入所生活介護サービスを提供するために必要な職員・設備等は次のとおり(表6-1)。

2　医療的ケアを要する利用者が多く、特養入所の待機場所にも

　短期入所生活介護利用登録者の半数以上は医療的ケアを要している。看護職員が対応している医療的ケアは服薬管理、浣腸、摘便、簡易血糖測定、インスリン注射、褥瘡の処置、創傷処置、口腔ケアが多い。連続利用日数は「2〜3日」が多いが、31日以上の連続利用者もある。31日以上連続利用の理由は「特養入所までの待機場所として」が多い。利用者が連続して30日を超えてサービスを受けている場合においては、30日ごとに自費利用(1日)を挟んだ上で、30日を超える日以降に受けたサービスについては短期入所生活介護費が減算される。

　短期入所生活介護事業所数の推移は図6-1のとおりで、毎年増加している。

　短期入所生活介護の収支差率(2019年度決算　税引前)は2.5%、収入に対する給与費の割合は63.7%である。

表6‐1　必要となる人員・設備等

人員基準	医師	1以上
	生活相談員	利用者100人につき1人以上（常勤換算） ※うち1人は常勤（利用定員が20人未満の併設事業所を除く）
	介護職員または看護師もしくは准看護師	利用者3人につき1人以上（常勤換算） ※うち1人は常勤（利用定員が20人未満の併設事業所を除く）
	栄養士	1人以上 ※利用定員が40人以下の事業所は、一定の場合は、栄養士を置かないことができる
	機能訓練指導員	1以上
	調理員その他の従業者	実情に応じた適当数
設備基準	利用定員等	20人以上とし、専用の居室を設ける ※ただし、併設事業所の場合は、20人未満とすることができる
	居室	定員4人以下、床面積（1人当たり）10.65㎡以上
	食堂および機能訓練室	合計面積3㎡×利用定員以上
	浴室、便所、洗面設備	要介護者が使用するのに適したもの
その他、医務室、静養室、面談室、介護職員室、看護職員室、調理室、洗濯室または洗濯場、汚物処理室、介護材料室が必要		

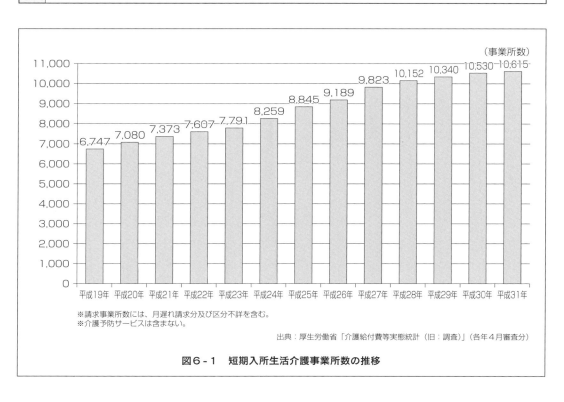

※請求事業所数には、月遅れ請求分及び区分不詳を含む。
※介護予防サービスは含まない。

出典：厚生労働省「介護給付費等実態統計（旧：調査）」（各年4月審査分）

図6‐1　短期入所生活介護事業所数の推移

② 短期入所療養介護

1　利用目的はレスパイトが多いが、緊急ショートの利用も

　短期入所療養介護とは、要介護状態となった場合も、利用者が可能な限り居宅において、その有する能力に応じ自立した日常生活を営むことができるよう、看護、医学的管理の下における介護、機能訓練その他必要な医療、日常生活上の世話を行うことで、療養生活の質の向上および利用者の家族の身体的および精神的負担の軽減を図るものである。

　短期入所療養介護を行うことのできる施設は、介護老人保健施設、療養病床を有する病院もしくは診療所、療養病床を有さない診療所(浴室、機能訓練を行うための場所を有し、床面積は利用者1人につき6.4㎡以上)、介護医療院である(表6-2)。介護老人保健施設は年々増加傾向にあるが、病院および診療所は減少傾向であり、受給者数は減少傾向である。介護度別では、要介護度4・5が減少傾向、要介護1・2が増加傾向である。短期入所療養介護利用者の傷病は、介護老人保健施設では脳血管疾患が最も多いが、有床診療所では認知症が最も多い。短期入所療養介護の利用目的は、介護老人保健施設、有床診療所ともにレスパイトが最も多いが、緊急ショートの利用目的は家族の体調不良が最も多い。

2　緊急短期入所受入加算は、条件付きで最大14日以内に

　介護老人保健施設が提供する短期入所療養介護については、医療ニーズのある利用者の受入の促進や介護老人保健施設における在宅療養支援機能の推進を図るため、医師が診療計画に基づき必要な診療、検査等を行い、退所時にかかりつけ医に情報提供を行う総合的な医学的管理を評価する加算が2021(令和3)年度改定で新設された。

　2019(令和元)年の1人当たり利用日数は、短期入所療養介護で7.8日、介護予防短期入所療養介護で5.4日であった。在宅高齢者の緊急時の宿泊ニーズに対応できる環境づくりを一層推進する観点から、2021年度改定においては、短期入所療養介護の緊急短期入所受入加算について、短期入所生活介護や(看護)小規模多機能型居宅介護においてとられている要件と同様に、「7日以内」とされている受入日数の要件について、「7日以内を原則として、利用者家族の疾病等やむを得ない事情がある場合には14日以内」とされた(表6-3)。

表6-2　短期入所療養介護の基準　施設基準等

	介護老人保健施設	介護医療院	介護療養型医療施設		介護療養型医療施設以外			
					病院		診療所	
			病院	診療所	医療療養病床	一般病床	医療療養病床	一般病床
みなし指定	あり	あり	あり	あり	あり	−	あり	なし
病室・居室面積	8.0㎡	8.0㎡	6.4㎡	6.4㎡	6.4㎡	−	6.4㎡	6.4㎡
機能訓練室面積	1㎡／定員	40㎡	40㎡	十分な広さ	40㎡	−	十分な広さ	十分な広さ
看護・介護職員	看護・介護3：1（うち、看護2／7標準）	看護6：1介護5：1（Ⅰ型）6：1（Ⅱ型）	看護6：1介護6：1	看護6：1介護6：1	看護6：1介護6：1	−	看護6：1介護6：1	看護・介護3：1

表6-3　緊急時短期利用の比較

	短期入所生活介護（定員を超える場合）	（看護）小規模多機能型居宅介護	短期入所療養介護
要件	・利用者の状況や利用者家族等の事情により、居宅介護支援事業所の介護支援専門員が緊急に必要と認めた場合であること。 ・居宅サービス計画に位置づけられていないこと。 ・当該利用者及び他の利用者の処遇に支障がないこと。	・利用者の状態や利用者家族等の事情により、居宅介護支援事業所の介護支援専門員が緊急に必要と認めた場合であること。 ・人員基準違反でないこと。・登録者に対するサービス提供に支障がないこと。 ・登録者の数が登録定員未満であること。 ・サービス提供が過少である場合の減算を算定していないこと。	・利用者の状況や利用者家族等の事情により、居宅介護支援事業所の介護支援専門員が緊急に必要と認めた場合であること。 ・居宅サービス計画に位置づけられていないこと。
日数	7日以内（利用者家族の疾病等やむを得ない事情がある場合には14日以内）	7日以内（利用者家族の疾病等やむを得ない事情がある場合には14日以内）	7日以内（利用者家族の疾病等やむを得ない事情がある場合には14日以内）

※短期入所生活介護や（看護）小規模多機能型居宅介護では原則7日でやむを得ない事情がある場合には例外的に14日まで受け入れることができるが、短期入所療養介護においては例外規定がなく、一律7日以内となっていたが、宅高齢者の緊急時の宿泊ニーズに対応できる環境づくりを一層推進する観点から、短期入所療養介護の緊急短期入所受入加算について、短期入所生活介護における同加算と同様に、「7日以内」とされている受入日数の要件について、「7日以内を原則として、利用者家族の疾病等やむを得ない事情がある場合には14日以内」と変更された。
それに伴い、居宅サービス計画において計画的に行うこととなっていない指定短期入所療養介護を緊急に行った場合は、利用を開始した日から起算して7日を限度として、1日につき90単位を所定単位数に加算する緊急短期入所受入加算も、利用者の日常生活上の世話を行う家族の疾病等やむを得ない事情がある場合は14日まで算定可能となった。

問題 1 短期入所系サービスについて、誤っているのはどれか。

[選択肢]

①短期入所生活介護の連続利用日数は「2～3日」が多い。

②短期入所生活介護の31日以上連続利用の理由は「特養入所までの待機場所として」が多い。

③短期入所療養介護の利用目的はレスパイトが多い。

④緊急短期入所の利用目的は家族の体調不良が最も多い。

⑤緊急短期入所の利用日数制限は、利用者家族の疾病等やむを得ない事情がある場合は7日以内である。

確 認 問 題

解答 1

⑤

解説 1

①②③④は選択肢のとおり。

⑤の緊急短期入所の利用日数は「7日以内を原則として、利用者家族の疾病等やむを得ない事情がある場合には14日以内」である。

第7章

多機能系サービス

1 小規模多機能型居宅介護〈地域密着型〉
2 看護小規模多機能型居宅介護〈地域密着型〉

①小規模多機能型居宅介護〈地域密着型〉

1 「通い」「訪問」「泊まり」を組み合わせたサービスを提供

　小規模多機能型居宅介護とは、利用者(要介護(支援)者)の心身の状況や置かれている環境に応じて、利用者の選択に基づき、居宅に訪問し、または拠点に通わせ、もしくは拠点に短期間宿泊させ、入浴・排せつ・食事等の介護、調理・洗濯・掃除等の家事等や機能訓練を行うものをいう。

　「通い」を中心として、要介護(支援)者の様態や希望に応じて、随時「訪問」や「泊まり」を組み合わせてサービスを提供することで、中重度となっても在宅での生活が継続できるよう支援するためのサービス類型として2006(平成18)年に創設された(図7-1)。

　利用状況は、「通いのみ」と「通い＋泊まり」が減少傾向、「通い＋訪問」が増加傾向であるが、要介護度が重度になると、「通いのみ」、「訪問のみ」や「通い＋訪問」の割合が減少し、「通い＋泊まり」および「通い＋訪問＋泊まり」の割合が増加している。基本報酬は、要介護1・2と要介護3〜5との間で差が大きい。要介護3〜5の利用者が全体の約4割であるが、その割合は減少傾向で経営悪化を招いており、半数強の事業所が赤字である。

2 条件付きで登録利用者以外の短期利用も算定可能に

　小規模多機能型居宅介護事業所は、地域への取り組みとして、「介護相談」、「地域の清掃活動」、「認知症の勉強会・啓発事業」、「認知症カフェや喫茶、食堂」、「登録者以外のサロン」などを行っている。事業所・地域で利用者の役割発揮の場がある場合には、無い場合と比較して利用者の要介護度の改善状況が良い傾向となっている。多くの事業所が看取り期まで関わっており、死亡場所が医療機関のケースは約4割であり、事業所または自宅で死亡したケースも約4割である。

　小規模多機能型居宅介護／看護小規模多機能型居宅介護について、2021(令和3)年度改定においては、在宅高齢者の緊急時の宿泊ニーズに対応できる環境づくりを一層推進する観点から、事業所の登録定員に空きがあること等を要件とする登録者以外の短期利用(短期利用居宅介護費)について、登録者のサービス提供に支障がないことを前提に、宿泊室に空きがある場合には算定可能とされた。また過疎地域等におけるサービス提供を確保す

る観点から、過疎地域等において、地域の実情により事業所の効率的運営に必要であると市町村が認めた場合に、人員・設備基準を満たすことを条件として、登録定員を超過した場合の報酬減算を一定の期間行わないこととされた。

　小規模多機能型居宅介護の収支差率（2019年度決算　税引前）は3.1％、収入に対する給与費の割合は67.9％である。

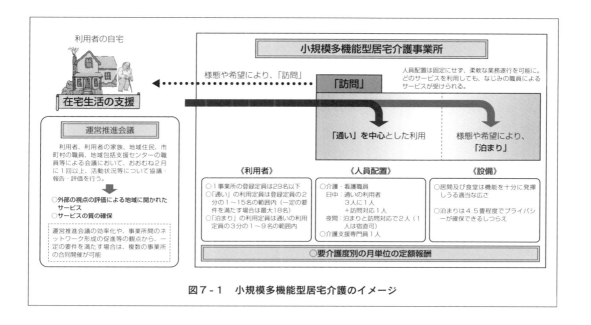

図7-1　小規模多機能型居宅介護のイメージ

② 看護小規模多機能型居宅介護〈地域密着型〉

1　医療ニーズも有する高齢者の地域での生活を総合的に支援

　看護小規模多機能型居宅介護とは、退院後の在宅生活への移行や、看取り期の支援、家族に対するレスパイト等への対応等、利用者や家族の状態やニーズに応じ、主治医との密接な連携のもと、医療行為も含めた多様なサービス（「通い」、「泊まり」、「訪問（看護・介護）」）を24時間365日提供するサービス類型である。登録利用者以外に対しても、訪問看護（訪問看護の指定が必要）や宿泊サービスを提供するなど、医療ニーズも有する高齢者の地域での生活を総合的に支えるものである（図7 - 2）。

　小規模多機能型居宅介護と訪問看護の機能を有した「複合型サービス」として2012（平成24）年に創設され、2015（平成27）年に中重度の要介護者の医療ニーズに重点的な対応を行っている事業所を評価する訪問看護体制強化加算の新設とともに、サービス内容を具体的にイメージできるように「看護小規模多機能型居宅介護」と改称された。

　2018（平成30）年には、医療ニーズに対応できる介護職員との連携体制やターミナルケアの体制をさらに整備するための看護体制強化加算の充実、中重度の要介護者の在宅生活を支える体制をさらに整備するため、24時間体制を評価する緊急時訪問看護加算の充実、訪問を担当する従業者を一定以上配置し、1か月あたり延べ訪問回数が一定以上の事業所を評価する訪問体制強化加算の新設、サービス供給量を増やす観点から、診療所の参入を推進するため診療所が有する病床について宿泊室を兼用することを可能とする基準緩和、サテライト型事業所の創設が行われた。

2　事業所および要介護3以上が約6割を占める利用者は年々増加

　事業所数と利用者数は年々増加している。利用者は要介護3以上の者が約6割であり、小規模多機能型居宅介護（約4割）より多い。利用者の主傷病は、退院・退所直後の利用者は「末期がん」、全体では「認知症」が最も多い。退院・退所直後の利用者へ提供したケアは、医療的な処置と患者・家族への療養指導の割合が高く、家屋の改善・療養環境整備の支援を含めた在宅療養のための調整を行っている。

　自治体担当者が認識する看護小規模多機能型居宅介護のニーズは、「医療ニーズを持っ

た退院直後の利用者の在宅療養を支える」「在宅(事業所内を含む)で看取りを含めた療養生活を支える」が多く、事業者が求められていると思うニーズでは、「中重度の医療ニーズを有する利用者への対応」「医療提供施設から退院・退所し、在宅療養へ向けた調整や安定するまでの一時的な利用」が多い。短期入所生活介護や短期入所療養介護では、医療ニーズの高いことを理由に提供を断られることが多い。

　看護小規模多機能型居宅介護の収支差率(2019年度決算　税引前)は3.3%、収入に対する給与費の割合は68.9%である。

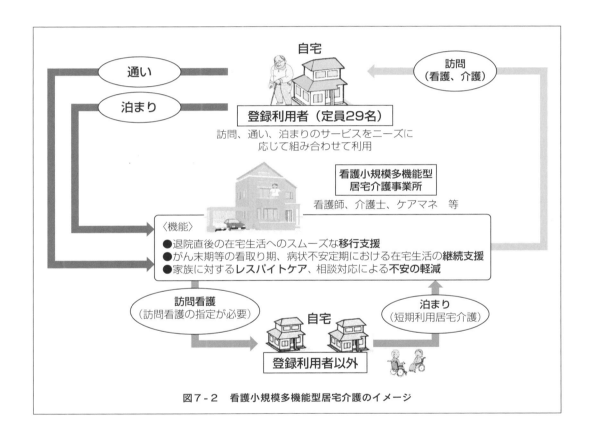

図7-2　看護小規模多機能型居宅介護のイメージ

確 認 問 題

多機能系サービスについて、誤っているのはどれか。

[選択肢]

①小規模多機能型居宅介護、看護小規模多機能型居宅介護ともに要介護３以上の利用者が過半数を占めている。

②多くの事業所が看取り期まで関わっている。

③宿泊室に空きがある場合には登録者以外の短期利用が可能であり、過疎地域等においては定員を超過しても減算されない場合がある。

④看護小規模多機能型居宅介護では、診療所の参入を推進するため、診療所が有する病床について宿泊室を兼用することが可能となっている。

⑤医療ニーズの高いことを理由に短期入所生活介護や短期入所療養介護を断られる中重度の利用者の受け皿として、看護小規模多機能型居宅介護が機能している。

解答
1

①

解説
1

　①の看護小規模多機能型居宅介護の利用者は要介護３以上の者が約６割であるが、小規模多機能型居宅介護では要介護２以下の者が約６割である。基本報酬は、要介護１・２と要介護３〜５との間で差が大きく、小規模多機能型居宅介護事業所の半数が赤字である。

　②③④⑤は選択肢のとおり。

第8章

福祉用具・住宅改修等

1 福祉用具貸与・特定福祉用具販売
2 高齢者住宅改修費用助成制度

① 福祉用具貸与・特定福祉用具販売

1　適時・適切な用具を利用者に提供できるよう貸与が原則

　介護保険の福祉用具は、要介護者等の日常生活の便宜を図るための用具および要介護者等の機能訓練のための用具であって、利用者がその居宅において自立した日常生活を営むことができるよう助けるものについて、保険給付の対象としている。利用者の身体状況や要介護度の変化、福祉用具の機能の向上に応じて、適時・適切な福祉用具を利用者に提供できるよう、貸与を原則としているが、貸与になじまない性質のもの（他人が使用したものを再利用することに心理的抵抗感が伴うもの、使用によってもとの形態・品質が変化し、再利用できないもの）は、福祉用具の購入費を保険給付の対象としている。

2　全国平均価格の公表と上限設定で貸与価格の適正化を図る

　福祉用具の貸与および購入は、市場の価格競争を通じて適切な価格による給付が行われるよう、保険給付における公定価格を定めず、現に要した費用の額により保険給付する仕組みとしており、以下のものを対象種目として定めている。

【福祉用具貸与】〈原則〉

・車いす（付属品含む）
・特殊寝台（付属品含む）
・床ずれ防止用具
・体位変換器
・手すり
・スロープ

・歩行器
・歩行補助つえ
・認知症老人徘徊感知機器
・移動用リフト（つり具の部分を除く）
・自動排泄処理装置

【福祉用具販売】〈例外〉

・腰掛便座
・自動排泄処理装置の交換可能部
・入浴補助用具（入浴用いす、浴槽用手すり、浴槽内いす、入浴台、浴室内すのこ、浴槽内すのこ、入浴用介助ベルト）

・簡易浴槽
・移動用リフトのつり具の部分

　福祉用具については、2018（平成30）年から1年に1度（新商品は3か月に1度）の頻度で商品ごとに全国平均貸与価格の公表と貸与価格の上限設定（全国平均貸与価格＋1標準偏差）が実施され、貸与価格の適正化が図られてきた。2021（令和3）年度以降は3年に1度（新商品は3か月に1度で変更なし）の頻度で見直される。

3　福祉用具の選定、使用方法等の助言を行う福祉用具専門相談員

　2021年度改定では、居宅介護支援の退院・退所加算等の要件において、福祉用具の貸与が見込まれる場合は、必要に応じ福祉用具専門相談員や作業療法士等の関係職種が退院・退所時のカンファレンスに参加することが明示された。福祉用具専門相談員とは、介護が必要な高齢者が福祉用具を利用する際に、本人の希望や心身の状況、その置かれている環境等を踏まえ、専門的知識に基づいた福祉用具を選定し、自立支援の観点から使用方法等を含めて適合・助言を行う専門職であり、指定福祉用具貸与・販売事業所には常勤換算で2名以上の配置が義務づけられている。

4　事故防止のため福祉用具の製品安全、使用安全を追及

　福祉用具の製品安全に関しては、消費者庁や独立行政法人製品評価技術基盤機構（NITE）において製品事故に関する注意喚起やメーカー等への対策を求める等の対応が行われており、福祉用具の使用の安全に関しては、公益財団法人テクノエイド協会が「ヒヤリ・ハット情報」等を収集し、その要因の分析を行い、福祉用具情報システム（TAIS：Technical Aids Information System）[4]を通じて情報発信が行われている。これらの事故防止に資する情報を基に、福祉用具専門相談員の指定講習カリキュラム等の必要な見直しが行われる。
福祉用具貸与の収支差率（2019年度決算　税引前）は4.7％、収入に対する給与費の割合は33.9％である。

---

[4]　国内の福祉用具メーカーまたは輸入事業者から、「企業」および「福祉用具」に関する情報を収集し、テクノエイド協会のホームページを通じて、情報発信するシステム。2021年6月17日時点での登録情報は、企業情報822社、用具情報は14,676件を数える。
　利用者や介護者の状態に即した適切な福祉用具を選定するためには、利用者の身体状況や使用環境などの情報に加え、使用を検討する用具の「仕様」や「機能」、「性能」などに関する情報が必要となる。TAISは、全国に散在する福祉用具に関する情報を収集・分類、体系化し、情報提供することによって、福祉用具の適切な利用の推進に寄与するものとされている。（公益財団法人テクノエイド協会ホームページより改変）

2 高齢者住宅改修費用助成制度

1　住宅改修の概要・支給額・手続き

　要介護者等が、自宅に手すりの取り付けや等のバリアフリー化などの住宅改修を行おうとするときは、住宅改修が必要な理由書や工事費見積り書、住宅改修後の完成予定の状態が分かるもの等の必要な書類を添えて支給申請書を提出し（やむを得ない事情がある場合には、工事完成後に申請）、工事完成後、領収書等の費用発生の事実がわかる書類等を提出することにより、実際の住宅改修費の9割相当額（実際の住宅改修費が20万円の場合、最大18万円）が償還払いで支給される。

　住宅改修の種類は次のとおり。
（1）手すりの取り付け
（2）段差の解消
（3）滑りの防止および移動の円滑化等のための床または通路面の材料の変更
（4）引き戸等への扉の取り替え
（5）洋式便器等への便器の取り替え
（6）その他上記の住宅改修に付帯して必要となる住宅改修

　また、改修が必要な理由書の作成者は、介護支援専門員、地域包括支援センター担当職員、作業療法士、福祉住環境コーディネーター検定試験2級以上、その他これに準ずる資格等を有する者とされる。

　支給限度基準額は、要支援、要介護区分にかかわらず定額（ひとり生涯20万円まで）だが、要介護状態区分が重くなったとき（3段階上昇時）、また、転居した場合は再度20万円までの支給限度基準額が設定される。

確認問題

問題 1　福祉用具について、正しいのはどれか。

［選択肢］

①介護保険による福祉用具の貸与および購入は、適切な価格による給付が行われるよう、保険給付における公定価格が定められている。

②車いす、特殊寝台は貸与になじまないため、購入費を保険給付の対象としている。

③認知症老人徘徊感知機器は福祉用具貸与の対象種目である。

④指定福祉用具貸与・販売事業所には常勤換算で1名以上の福祉用具専門相談員の配置が義務づけられている。

⑤福祉用具貸与・購入費の保険給付は、利用者の要介護度ごとに支給限度額が設けられている。

解答 1　③

解説 1

①福祉用具の貸与および購入は、市場の価格競争を通じて適切な価格による給付が行われるよう、保険給付における公定価格を定めず、現に要した費用の額により保険給付する仕組みとなっている。

②車いす、特殊寝台は貸与の対象種目である。貸与になじまないものは、他人が使用したものを再利用することに心理的抵抗感が伴うもの、使用によってもとの形態・品質が変化し、再利用できないものであり、腰掛便座、簡易浴槽、入浴補助用具などが例外的に販売の対象種目となっている。

③選択肢のとおり。

④指定福祉用具貸与・販売事業所には常勤換算で2名以上の福祉用具専門相談員の配置が義務づけられている。

⑤福祉用具については、商品ごとに、全国平均貸与価格の公表と貸与価格の上限設定(全国平均貸与価格＋1標準偏差)が実施され、現に要した費用の額により保険給付される。

第9章

居宅介護支援

■ 居宅介護支援・介護予防支援

1 居宅介護支援・介護予防支援

1　サービス事業者は、常勤専従の管理者を置き支援を行う

　居宅介護支援とは、居宅の要介護者が居宅サービス等を適切に利用できるよう、心身の状況、置かれている環境、要介護者の希望等を勘案し、居宅サービス計画（ケアプラン）を作成するとともに、サービス事業者等との連絡調整を行い、介護保険施設等への入所を要する場合は、当該施設等への紹介を行うことをいう。居宅介護支援事業所は常勤専従の主任介護支援専門員を管理者として配置しなければならない（2020〔令和2〕年度末時点で主任介護支援専門員でない者が管理者の事業所は、当該管理者が管理者である限り、要件の適用が2026年度末まで猶予される）。介護支援専門員は利用者35人に対し1人を配置しなければならない。

　介護予防支援とは、要支援者が介護予防サービス等を適切に利用できるよう、心身の状況、置かれている環境、要支援者の希望等を勘案し、介護予防サービス計画を作成するとともに、サービス事業者等との連絡調整を行うことをいう。介護予防支援事業所は常勤専従の者を管理者として配置し、担当職員（保健師、介護支援専門員、社会福祉士、経験ある看護師、高齢者保健福祉に関する相談援助業務に3年以上従事した社会福祉主事のいずれか）として1人以上を配置しなければならない。

2　居宅介護支援事業所による介護予防支援受託

　要支援1・2の認定を受けた人が要介護状態になることを予防するため、現状維持あるいは機能向上のための訓練を行うサービス（介護予防サービス）は、市町村の地域包括支援センターが要支援者の利用したいサービス内容や回数、費用などの相談（無料）に応じ、利用プランを作成（無料）する。要支援者の支給限度基準額は要介護者の数分の1だが、介護予防サービスの単価は介護サービスより低く設定されているので、ある程度充実した利用プランを作成することができる。介護予防サービスに施設サービスはないが、特定施設（有料老人ホームや在宅介護対応型軽費老人ホーム）に入居して居宅介護予防サービスを利用することができる。

　居宅介護支援事業所は、市町村の地域包括支援センターの委託を受けて介護予防支援事

業所として要支援者向けの介護予防支援サービスを実施することができ、介護予防ケアプランの約半数は居宅介護支援事業所へ委託されている。介護予防支援サービスは居宅介護支援サービスよりさらに収益性が低くなるが、居宅介護支援事業所を併設している医療機関の約半数は介護予防支援サービスも実施している。

　要支援は健常から要介護への通過点であり、要支援者は、将来、要介護者としての利用者になる可能性がある人たちである。要支援者が要介護者となった時に居宅介護支援事業所としても選択していただけるよう、サービスの裾野を広げておくことも重要な視点であり、収益性の低さをもって視野外に置くのではなく、ケアマネジャーの有効活用の視点で、ケアマネジャーの余力の許す限りは介護予防支援サービスを行ったほうがよい。

3　居宅介護支援の報酬体系は逓減性

　介護保険の居宅介護支援サービスは、居宅介護支援事業所の介護支援専門員が作成するケアプランに基づいて提供される。居宅介護支援事業所にはケアプラン作成の介護報酬があり、利用者の自己負担はない。ケアプランの質が介護サービスの成果を左右するため、取り扱い件数（介護予防支援受託者数を2分の1とした件数を含む）39件以内に1人の介護支援専門員の配置で丁寧なケアプランが作成されることが求められている。

　居宅介護支援の報酬体系は逓減性となっており、介護支援専門員（常勤換算）1人当たり取扱件数が40件を超えた場合、超過部分の介護報酬が減額され、60件を超えると、さらに減額される。ケアプランの質を保つため、介護支援専門員1人当たりの取り扱い件数により評価に差を設け、取り扱い件数が多くなるほど収益性が落ちる仕組みである（図9-1）。

　居宅介護支援の支出のほとんどは介護支援専門員の人件費であり、介護支援専門員1人当たり取り扱い件数が40件をぎりぎり超えないことを目安に介護支援専門員を雇用すること、介護支援専門員の業務効率を上げるために事務職員（専任・兼任）を配置することが、

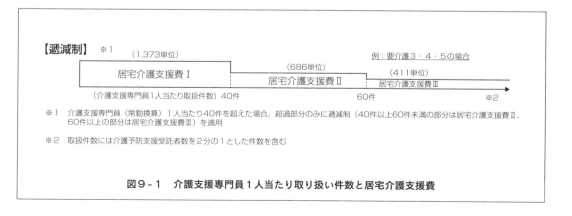

図9-1　介護支援専門員1人当たり取り扱い件数と居宅介護支援費

効率的経営の鍵となる（表9-1）。令和元年度調査では、1人当たり利用者数が30人に満たない事業所が概ね半数を占め、介護支援専門員(常勤換算人数)が3人未満の小規模事業所においてその傾向が強かった。専任の事務職員が配置されている事業所(調査事業所の8％)では、介護支援専門員1人当たりの平均利用者数は38人であった。

ケアプランの訪問介護サービス等が特定事業所に集中している場合には減算される。居宅介護支援事業所は他の介護保険サービス事業所に併設することが認められているが、特定事業所に過度の利益誘導がなされないための仕組みである。しかし、90％未満の集中であれば減算されないので、介護サービスの利用者を安定的に確保するために居宅介護支援事業所を併設している例は多い。

4　要介護度が高い利用者のための連携体制の構築

居宅介護支援は要介護度3以上の利用者の介護報酬が大きいので、要介護度3以上の利用者が増えるよう、要介護度が高い者へのサービスを主体とする介護保険サービス事業者等とのネットワークを強めておくことが肝要である（図9-2）。中重度者や支援困難ケースへの対応体制、医療との連携体制、小規模多機能型居宅介護事業所との連携体制など、要介護度が高い利用者のための連携体制は加算でも大きく評価されるので、収益性が向上する。

居宅介護支援サービスは、利用者に最適なケアプランを作成するサービスであるので、長期的に安定して要介護度の高い利用者を獲得するためには、介護支援専門員の資質が重要である。利用者は居宅介護支援事業所を自由に選択できるので、良いケアプランが提供できない事業者は評判の低下を招き、利用者の獲得が困難となるであろう。

資質の高い介護支援専門員を獲得し、かつ、他の事業所に引き抜かれないようにするためには、介護支援専門員の給与水準を引き上げる必要がある。すなわち、居宅介護支援サービスは、支出が人件費で決定づけられる性質上、事業単体で捉えると必ずしも高い利益を

表9-1　利用者の要介護度や取り扱い件数に応じた基本サービス費

取り扱い要件	要介護1・2	要介護3・4・5
介護予防支援費	431 単位／月	
居宅介護支援費Ⅰ 〈取り扱い件数が40件未満〉	1,057 単位／月	1,373 単位／月
居宅介護支援費Ⅱ 〈取り扱い件数が40件以上60件未満〉	529 単位／月	686 単位／月
居宅介護支援費Ⅲ 〈取り扱い件数が60件以上〉	317 単位／月	411 単位／月

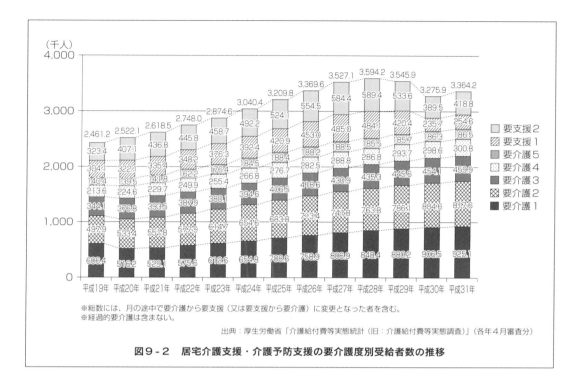

※総数には、月の途中で要介護から要支援(又は要支援から要介護)に変更となった者を含む。
※経過的要介護は含まない。
出典:厚生労働省「介護給付費等実態統計(旧:介護給付費等実態調査)」(各年4月審査分)

図9-2　居宅介護支援・介護予防支援の要介護度別受給者数の推移

望むことができない事業である。しかし、居宅介護支援サービス以外の介護保険事業を併設して経営している場合は、介護支援専門員が作成するケアプランによって、安定的に併設事業所の利用者を獲得することができること、医療から介護への橋渡しがスムーズになることで病院病床の平均在院日数を短くできることなど、経営全体の改善への貢献は大きい。複合型経営に着手している病院経営者の多くが居宅介護支援事業所を併設しているのはそのためである。併設した居宅介護支援事業所が質の高い居宅介護支援サービスを提供することで多くの利用者を誘引し、併設事業所が安定して利用者を獲得できるようにすることが、経営戦略上の重要なポイントである。

5　2021年度改定における主な見直し点

経営の安定化、質の高いケアマネジメントの一層の推進を図る観点から、2021(令和3)年度改定において、以下の見直しが行われた。
・必要に応じて、多様な主体等が提供する生活支援のサービス(インフォーマルサービスを含む)が包括的に提供されるような居宅サービス計画を作成していることを要件として求める。
・小規模事業所が事業所間連携により質の高いケアマネジメントを実現していくよう、事業所間連携により体制確保や対応等を行う事業所を評価するような区分を創設する。

・ケアマネジメントの公正中立性の確保を図る観点から、事業所に、前6か月間に作成したケアプランにおける、訪問介護、通所介護、地域密着型通所介護、福祉用具貸与の各サービスについて、利用者に説明を行うとともに、介護サービス情報公表制度において公表することを求める。

・医療と介護の連携を強化し、適切なケアマネジメントの実施やケアマネジメントの質の向上を進める観点から、利用者が医療機関において医師の診察を受ける際に介護支援専門員が同席し、医師等と情報連携を行い、当該情報を踏まえてケアマネジメントを行うことを一定の場合に評価する通院時情報連携加算が新設された。

・看取り期における適切な居宅介護支援の提供や医療と介護の連携を推進する観点から、居宅サービス等の利用に向けて介護支援専門員が利用者の退院時等にケアマネジメント業務を行ったものの利用者の死亡によりサービス利用に至らなかった場合に、モニタリングやサービス担当者会議における検討等必要なケアマネジメント業務や給付管理のための準備が行われ、介護保険サービスが提供されたものと同等に取り扱うことが適当と認められるケースについて、居宅介護支援の基本報酬の算定を可能とする見直しが行われた。

・介護予防支援事業所が居宅介護支援事業所に外部委託を行いやすい環境の整備を進める観点から、介護予防支援事業所が委託する個々のケアプランについて、委託時における居宅介護支援事業者との適切な情報連携等を評価する委託連携加算が新設された。

　居宅介護支援の収支差率（2019年度決算　税引前）はマイナス1.6％、収入に対する給与費の割合は83.6％である。

確認問題

問題

問題 1　居宅介護支援について、誤っているのはどれか。

[選択肢]

①居宅介護支援事業所は、常勤専従の主任介護支援専門員を管理者として配置しなければならない。

②居宅介護支援事業所は、利用者35人に対し1人の介護支援専門員を配置しなければならない。

③居宅介護支援事業所は、市町村の地域包括支援センターの委託を受けて介護予防支援事業所として要支援者向けの介護予防支援サービスを実施することができる。

④居宅介護支援は、要介護度3以上の利用者の介護報酬が大きい。

⑤居宅介護支援の介護報酬（ケアプランの作成費）の1割（一定以上の所得者は所得に応じて2割または3割）は利用者負担である。

確認問題

解答 解説

⑤

①②③④は選択肢のとおり。

⑤のケアプランの作成費は全額介護保険から給付され、利用者負担はない。

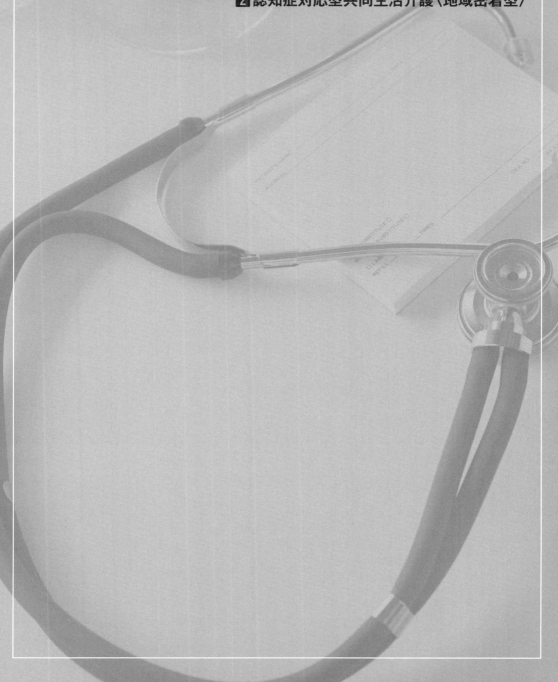

第10章

居住系サービス

1 特定施設入居者生活介護・地域密着型特定施設入居者生活介護
2 認知症対応型共同生活介護〈地域密着型〉

特定施設入居者生活介護・地域密着型特定施設入居者生活介護

1 特定施設の対象は、有料老人ホーム、養護老人ホームなど

　特定施設入居者生活介護とは、特定施設に入居している要介護者を対象として行われる、日常生活上の世話、機能訓練、療養上の世話のことであり、介護保険の対象となる。

　特定施設入居者生活介護の指定を受ける特定施設を「介護付きホーム」という。特定施設の対象となる施設は、①有料老人ホーム、②軽費老人ホーム（ケアハウス）、③養護老人ホームである。「サービス付き高齢者向け住宅」については、「有料老人ホーム」に該当するものは特定施設となる。

　特定施設の多くを占める有料老人ホームには、特定施設入居者生活介護の指定を受ける「介護付き有料老人ホーム」と、指定を受けない「住宅型有料老人ホーム」があり、「介護付き有料老人ホーム」は、介護保険サービスをホームが直接提供し、包括報酬で支払われるのに対し、「住宅型有料老人ホーム」は、入居者が介護保険サービス利用する際、別途外部の介護サービス事業所と個別に契約・利用し、介護報酬はサービス利用量に応じて各事業所に支払われる。特定施設入居者生活介護には、特定施設の事業者が自ら介護を行う「一般型」と、特定施設の事業者はケアプラン作成などのマネジメント業務を行い、介護を委託する「外部サービス利用型」がある。

　特定施設入居者生活介護における人員基準と設備基準は次のとおりである（表10-1、

表10-1　人員基準

管理者	1人［兼務可］
生活相談員	要介護者等：生活相談員＝100：1
看護・介護職員	①要支援者：看護・介護職員＝10：1 ②要介護者：看護・介護職員＝3：1 ※ただし看護職員は要介護者等が30人までは1人、30人を超える場合は、50人ごとに1人 ※夜間帯の職員は1人以上
機能訓練指導員	1人［兼務可］
計画作成担当者	介護支援専門員1人以上［兼務可］ ※ただし、要介護者等：計画作成担当者100：1を標準

表10-2　設備基準

①介護居室	原則個室・プライバシーの保護に配慮、介護を行える適当な広さ・地階に設けない等
②一時介護室	介護を行うために適当な広さ
③浴室	身体の不自由な者が入浴するのに適したもの
④便所	居室のある階ごとに設置し、非常用設備を備える
⑤食堂、機能訓練室	機能を十分に発揮し得る適当な広さ
⑥施設全体	利用者が車椅子で円滑に移動することが可能な空間と構造

表10-2）。

2　半数以上が死亡退去の介護付きホームは、終の棲家の機能も

　介護付きホームは三大都市圏に多く、都市部を中心に整備が進んでいる。有料老人ホームについては、入居定員数は約54万人、施設数は約1万4,000施設となっているが、そのうち介護付きホームについては、入居定員数は約25万人、施設数は約4,000件となり、受給者数、給付費ともに増加傾向にある（図10-1）。

　介護付きホームでは要介護3以上が約4割あり、重度化の受け皿としての役割を果たしている。契約終了のうち半数以上が死亡退去であり、終の棲家としての機能も果たしている。平均の月額費用は、約22.7万円（2019年度老人保健健康増進等事業「高齢者向け住まいにおける運営実態の多様化に関する実態調査研究」）であるが、利用料別に見ると、比較的利用額の低い施設から高級タイプまで幅広く、厚生年金のモデル年金額以下の施設も一定割合存在する。中には、見守りセンサーやケア記録ソフト、スマートフォン等のテクノロジーを活用し、業務負担の軽減とサービス提供の質の向上を両立させながら成果を上げている先進事例が存在している。介護付きホームの夜間の看護体制については、オンコール体制としている場合が約7割となっており、夜勤・宿直の看護職員がいる施設は2割以下である。

　特定施設入居者生活介護は、看護職員や機能訓練指導員の配置を求めており、当該職員の業務に関しても包括報酬に含まれているため、訪問看護等の他の居宅サービス等の利用は原則としてできないこととされている。ただし、特定の疾病等に該当する場合、特別訪問看護指示書が交付された場合、精神科訪問看護指示書が交付された認知症以外の精神疾患患者である場合は医療保険の給付の対象となり、訪問看護の利用が可能である。指定訪問看護ステーションとの連携による夜間看護体制の確保は、夜間看護体制加算、看取り介護加算として評価されている。外部のリハビリテーション専門職等との連携は生活機能向上連携加算として評価されている（図10-2、図10-3）。

　特定施設入居者生活介護の収支差率（2019年度決算　税引前）は3.0％、収入に対する給与費の割合は44.9％であり、地域密着型特定施設入居者生活介護の収支差率（2019年度決算　税引前）は1.0％、収入に対する給与費の割合は59.3％である。

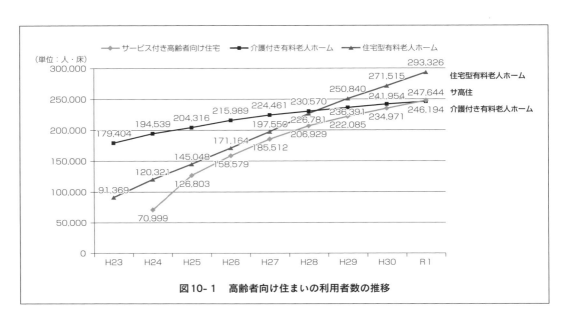

図10-1　高齢者向け住まいの利用者数の推移

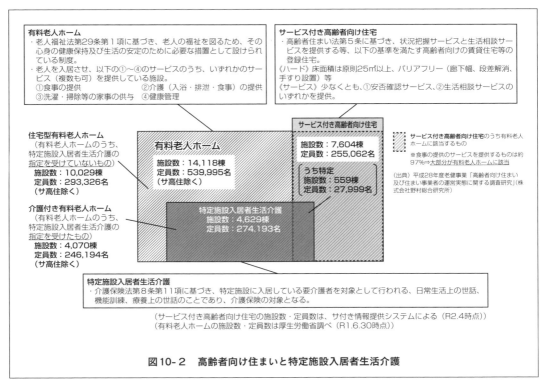

図10-2　高齢者向け住まいと特定施設入居者生活介護

	一般型	外部サービス利用型
報酬の概要	包括報酬 ※要介護度別に1日当たりの報酬算定	定額報酬（生活相談・安否確認・計画作成） ＋ 出来高報酬（各種居宅サービス）
サービス提供の方法	3対1で特定施設に配置された介護・看護職員によるサービス提供	特定施設が委託する介護サービス事業者によるサービス提供
特徴	生活相談等の日常生活の支援の比重が大きいため要介護者が多い場合、効率的なサービス提供が可能	1対1のスポット的なサービスの比重が大きいため、要介護者が少ない場合、効率的なサービス提供が可能
イメージ	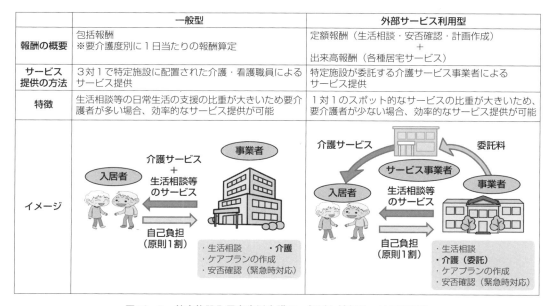	

図10-3　特定施設入居者生活介護の一般型と外部サービス利用型

認知症対応型共同生活介護〈地域密着型〉

1　医療ニーズ入居者促進を狙い、加算内容に医療的ケアを追加

　認知症対応型共同生活介護(認知症グループホーム)とは、認知症(急性を除く)の高齢者に対して、共同生活住居で、家庭的な環境と地域住民との交流の下、入浴・排せつ・食事等の介護などの日常生活上の世話と機能訓練を行い、能力に応じ自立した日常生活を営めるようにするものをいう。

　認知症対応型共同生活介護の基準は表10-3のとおりである。認知症対応型共同生活介

表10-3　認知症対応型共同生活介護の基準

必要となる人員・設備等

		基準
人員	代表者	・認知症である者の介護に従事した、または保健医療・福祉サービスの事業の経営に携わった経験を有し、認知症対応型サービス事業開設者研修を修了した者であること。
	管理	・原則、ユニットごとに専従の常勤配置。ただし、業務に支障がない限り、他の職務や同一敷地内、併設する事業所の職務に従事することができる。 ・3年以上、認知症である者の介護に従事した経験を有し、認知症対応型サービス事業管理者研修を修了した者であること。
	介護従事者	・日中は、ユニットごとに利用者3人に1人(常勤換算)。 ・夜間・深夜は、ユニットごとに1人。ただし、夜間の職員配置について、一定の要件を満たす場合、併設する小規模多機能型居宅介護と兼務ができる。
	計画作成担当者	・原則、ユニットごとに専従で配置。ただし、業務に支障がない限り、他の職務に従事することができる。 ・最低1人は介護支援専門員。ただし、併設する小規模多機能型居宅介護等と連携により、業務に支障がない場合は配置しないことも可能。
設備等	ユニット数	・原則、共同生活住居(ユニット)の数を1または2とする。ただし、用地の確保が困難であるなどその他事業の効率的運営が困難であると認められる場合、3とすることができる。
	入居定員	・5人以上9人以下。
	立地・併設事業所の範囲	・住宅地などの地域住民との交流の機会が図られる地域。 ・家庭的な環境と地域住民との交流の下にサービスが提供されると認められる場合、広域型特別養護老人ホーム等と同一建物に併設することも可能。
	居室	・7.43㎡(和室4.5畳)以上で原則個室。
	その他	・居間・食堂・台所・浴室等日常生活に必要な設備。
	運営推進会議	・利用者・家族・地域住民・外部有識者等から構成。外部の視点で運営を評価。
	外部評価	・自らサービスの質の評価を行うとともに、外部の者による評価を受けて、それらの結果を公表。

護の事業者数は約1万4千で、受給者数は20万人を超えている。受給者の過半数は要介護3以上である（図10-4、図10-5）。

　認知症グループホームにおいて、医療ニーズのある入居者への対応を適切に評価し、医療ニーズのある者の積極的な受け入れを促進する観点から、医療連携体制加算（Ⅱ）および（Ⅲ）の医療的ケアが必要な者の受入実績要件（前12月間において喀痰吸引または経腸栄養が行われている者が1人以上）について、2021（令和3）年度改定においては、喀痰吸引・経腸栄養に加えて、他の医療的ケア（呼吸障害等により人工呼吸器を使用している状態、中心静脈注射を実施している状態、人工腎臓を実施している状態、重篤な心機能障害、呼吸障害等により常時モニター測定を実施している状態、人工膀胱または人工肛門の処置を実施している状態、褥瘡に対する治療を実施している状態、気管切開が行われている状態）が追加された。

　医療連携体制加算の看護体制要件は次の**表10-4**のとおりである。

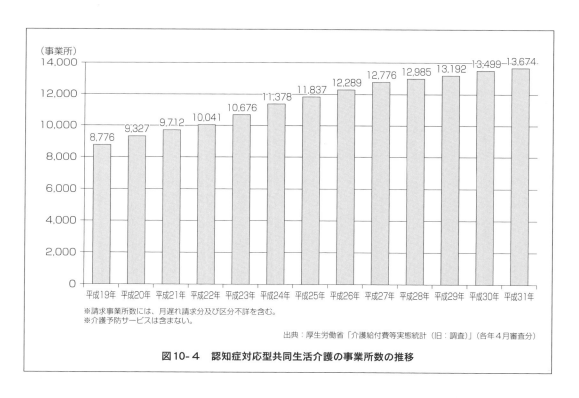

図10-4　認知症対応型共同生活介護の事業所数の推移

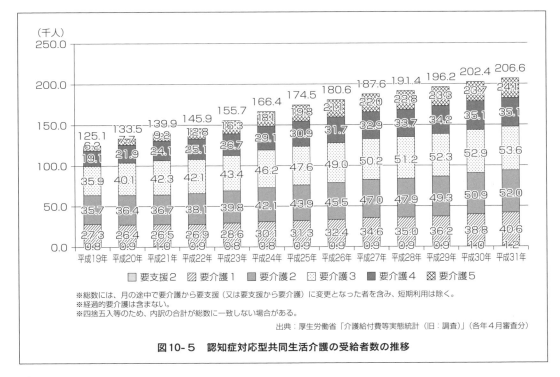

図10- 5　認知症対応型共同生活介護の受給者数の推移

表10- 4　医療連携体制加算の看護体制要件

医療連携体制加算（Ⅰ）	・事業所の職員として、または病院、診療所もしくは訪問看護ステーションとの連携により、看護師を1名以上確保していること。
医療連携体制加算（Ⅱ）	・事業所の職員として看護職員を常勤換算で1名以上配置していること。 ・事業所の職員として配置している看護職員が准看護師のみである場合には、病院、診療所もしくは訪問看護ステーションの看護師との連携体制を確保すること。
医療連携体制加算（Ⅲ）	・事業所の職員として看護師を常勤換算で1名以上配置していること。

2　緊急時短期利用の要件緩和やサテライト型事業所の基準創設

　利用者の状況や家族等の事情により介護支援専門員が緊急に利用が必要と認めた場合等を要件とする定員を超えての短期利用の受け入れ（緊急時短期利用）については、地域における認知症ケアの拠点として在宅高齢者の緊急時の宿泊ニーズを受け止めることができるようにする観点から、2021年度改定においては要件が緩和された。

　地域の特性に応じたサービスの整備・提供を促進する観点からは、ユニット数を弾力化するとともに、サテライト型事業所の基準が創設された。

　認知症対応型共同生活介護の収支差率（2019年度決算　税引前）は3.1％、収入に対する給与費の割合は64.2％である。

確認問題

問題 1 居住系サービスについて、誤っているのはどれか。

［選択肢］

①特定施設入居者生活介護の指定を受ける「介護付き有料老人ホーム」では、介護保険サービスをホームが直接提供し、包括報酬で支払われる。

②特定施設入居者生活介護の指定を受けない「住宅型有料老人ホーム」では、入居者が介護保険サービス利用する際、別途外部の介護サービス事業所と個別に契約・利用し、介護報酬はサービス利用量に応じて各事業所に支払われる。

③特定施設入居者生活介護には、特定施設の事業者が自ら介護を行う「一般型」と、特定施設の事業者はケアプラン作成などのマネジメント業務を行い、介護を委託する「外部サービス利用型」がある。

④介護付きホームでは要介護度が高い利用者は敬遠され、死亡退去割合は低い。

⑤認知症対応型共同生活介護（認知症グループホーム）の利用者の過半数は要介護3以上である。

確認問題

解答 1

④

解説 1

①②③⑤は選択肢のとおり。

④の介護付きホームの利用者の約4割は要介護3以上であり、中重度者の受け皿としての役割を果たしている。契約終了のうち半数以上が死亡退去であり、終の棲家としての機能も果たしている。

第11章

施設系サービス

1 介護老人福祉施設・地域密着型介護老人福祉施設

2 介護老人保健施設

3 介護療養型医療施設

4 介護医療院

介護老人福祉施設・地域密着型介護老人福祉施設

1　入所者は要介護3以上に限定も、やむを得ない事情も考慮

　介護老人福祉施設（特別養護老人ホーム）とは、要介護高齢者のための生活施設であり、入所者に対して、入浴、排泄、食事等の介護その他日常生活の世話、機能訓練、健康管理および療養上の世話を行うことを目的とする施設で、施設数は10,401施設、受給者数は約61万人である。

　2015（平成27）年より、原則、特養への新規入所者を要介護3以上の高齢者に限定し、在宅での生活が困難な中重度の要介護者を支える施設としての機能に重点化している。要介護1・2の場合は、やむを得ない事情により特養以外での生活が困難であると認められる場合には、市町村の適切な関与の下、特例的に入所することが可能である。特例的な入所が認められる要件としては、認知症であることにより、日常生活に支障を来すような症状・行動や意思疎通の困難さが頻繁に見られ、在宅生活が困難な状態、知的障害・精神障害等を伴い、日常生活に支障を来すような症状・行動や意思疎通の困難さ等が頻繁に見られ、在宅生活が困難な状態、家族等による深刻な虐待が疑われる等により、心身の安全・安心の確保が困難な状態、単身世帯である、同居家族が高齢または病弱である等により、家族等による支援が期待できず、かつ、地域での介護サービスや生活支援の供給が十分に認められないことにより、在宅生活が困難な状態が勘案される。

2　入所者の平均要介護度4.0で上昇傾向、3分の2が死亡退所

　介護老人福祉施設の入所者のうち約7割は低所得者（第1〜3段階：市町村民税非課税世帯）である。介護・看護職員の入所者に対する配置は入所者2人に対して職員1人程度となっており、人員基準である入所者3に対して1人より手厚く配置されている。ユニット型個室の施設割合を2025年度までに70％（定員ベース）とする目標が存在するが、現状は50％に達していない。ユニット型施設においては、ユニットケアを実践するため、そのための研修を受けたユニットリーダーを専従で配置することを求めるなど、多床室型よりも多くの人員配置を要する。サテライト型については、本体施設と一体となって地域における介護サービス基盤の維持をするため、都市部での介護ニーズの需要増や、地方部で

　の人手がない中での機能の維持において役割を果たしている（図11-1）。なお、地域密着型特別養護老人ホームとは定員が29名以下のものである。

　介護老人福祉施設の入所者の平均要介護度は4.0であり上昇傾向にある。平均在所期間は約3.5年となっており、他の介護保険施設と比べて長い。介護老人福祉施設の退所者の3分の2が死亡を理由として退所している。

　介護老人福祉施設の収支差率（2019年度決算　税引前）は1.6％、収入に対する給与費の割合は63.6％であり、地域密着型介護老人福祉施設の収支差率（2019年度決算　税引前）は1.3％、収入に対する給与費の割合は64.7％である。

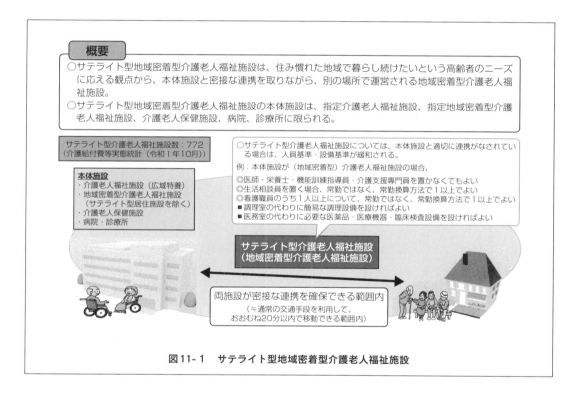

図11-1　サテライト型地域密着型介護老人福祉施設

② 介護老人保健施設

1 在宅復帰、在宅療養支援の地域拠点、早期在宅復帰を促進

　介護老人保健施設とは、要介護者であって、主としてその心身の機能の維持回復を図り、居宅における生活を営むことができるようにするための支援が必要である者に対し、施設サービス計画に基づいて、看護、医学的管理の下における介護および機能訓練その他必要な医療並びに日常生活上の世話を行うことを目的とする施設である。すなわち、リハビリテーションを提供する機能維持・改善の役割を担う施設であるとともに、在宅復帰、在宅療養支援のための地域拠点となる施設である。

　入所時の主病名は、認知症、脳卒中が多い。入所中に発生した疾患については、肺炎・誤嚥性肺炎、膀胱炎が多い。入所者の平均要介護度は3.2であり、退所者の1割強は死亡を理由とした退所である。

　介護老人保健施設は、在宅復帰・在宅療養支援等指標（在宅宅復帰率、ベッド回転率、入所前後訪問指導割合、退所前後訪問指導割合、居宅サービスの実施数、リハ専門職の配置割合、支援相談員の配置割合、要介護4または5の割合、喀痰吸引の実施割合、経管栄養の実施割合の10の評価項目について、項目に応じた値を足し合わせた値）と他の要件（退所時指導、退所後の状況確認、リハビリテーションマネジメント、地域貢献活動、充実したリハ）により、介護報酬が高い順に、超強化型、在宅強化型、加算型、基本型、その他型に区分され、超強化型が急増している。令和元年度調査では、超強化型の在宅復帰率は平均60.2％であった。

　介護老人保健施設の入所者の早期の在宅復帰を促進する観点から、2021（令和3）年度改定においては、退所前連携加算について、現行の取り組みに加え、入所前後から入所者が退所後に利用を希望する居宅介護支援事業者と連携し、退所後の介護サービスの利用方針を定めた場合の区分が設定された。

　介護老人保健施設の収支差率（2019年度決算　税引前）は2.4％、収入に対する給与費の割合は61.7％である。

❸ 介護療養型医療施設

1 施設系サービスで重度要介護者の割合最多も、2023年度末廃止

　介護療養型医療施設とは、療養病床等を有する病院または診療所であって、当該療養病床等に入院する要介護者に対し、施設サービス計画に基づいて、療養上の管理、看護、医学的管理の下における介護その他の世話および機能訓練その他必要な医療を行うことを目的とする施設である。すなわち、医療の必要な要介護高齢者の長期療養施設であるが、2018（平成30）年、要介護者に対し、「長期療養のための医療」と「日常生活上の世話（介護）」を一体的に提供する施設として介護医療院が創設され、2023年度末までに介護療養型医療施設は廃止される。

　介護療養病床数は2005（平成17）年度末までは12万床を超えていたが、2020（令和2）年度は2万床を下回っている。2018（平成30）年4月から2020（令和2）年6月にかけての介護療養病床の移行先は、介護医療院が80.3％、医療療養病床が11.5％、医療療養病床以外の病床が2.8％、介護老人保健施設が0.6％、廃止が4.5％であった。

　廃止期限までの円滑な移行等に向け、より早期の意思決定を促す観点から、事業者に、一定期間ごとに移行等に係る検討の状況について指定権者に報告を求め、期限までに報告されない場合には、次の期限までの間、基本報酬が減算される。入所者の平均要介護度は4.3であり、入所者の半数が要介護5、4割弱が要介護4、要介護3以下は1割である。施設系サービスの中では重度の要介護者の割合が最も高い。

　介護療養型医療施設の収支差率（2019年度決算　税引前）は2.8％、収入に対する給与費の割合は60.9％である。

4 介護医療院

1 介護療養病床転換の有力な選択肢

　介護医療院は、介護老人福祉施設、介護老人保健施設、介護療養型医療施設の3施設に次いで、2018（平成30）年4月に創設された介護保険施設である。21施設・1,400床でスタートし、2020（令和2）年12月末日時点で562施設・3万5,005床を数えるに至っている。

　転換元の病床割合は、介護療養病床が7割を占め、医療療養病床と介護療養型老人保健施設がそれぞれ1割強である。介護療養型医療施設については、2023年度末に廃止されるので他施設への移行を急がなければならないが、介護医療院への移行は有力な選択肢である（図11-2）。基準緩和（療養室の床面積や廊下幅等の基準緩和、併設医療機関との設備共用、医療機関併設型介護医療院、併設型小規模介護医療院における人員基準緩和）、報酬（移行定着支援加算の創設。ただし算定期限は2021［令和3］年3月31日まで）、地域医療介護総合確保基金（介護療養型医療施設から介護医療院への移行の際の施設の整備に必要な工事費、必要な備品購入費等を補助）、予算事業（介護医療院開設移行等支援事業、福祉医療機構による収支シミュレーションツールの作成）、介護保険事業（支援）計画（介護療養型医療施設等から介護医療院等への移行については、いわゆる総量規制の対象外）など様々な介護医療院への移行支援策がとられている。

　介護医療院とは、要介護者であって、主として長期にわたり療養が必要である者に対し、施設サービス計画に基づいて、療養上の管理、看護、医学的管理の下における介護および機能訓練その他必要な医療並びに日常生活上の世話を行うことを目的とする施設である。すなわち、医療の必要な要介護高齢者の長期療養・生活施設であり、介護療養病床（機能強化型A・B）に近い人員配置のⅠ型と、介護老人保健施設（介護療養型）に近い人員配置のⅡ型とがある。Ⅰ型・Ⅱ型のそれぞれの要件は次のとおり。

●Ⅰ型介護医療院

・入所者等のうち、重篤な身体疾患を有する者および身体合併症を有する認知症高齢者（認知症であって、悪性腫瘍と診断された者、パーキンソン病関連疾患等と診断された者、認知症の日常生活自立度Ⅲb以上）の占める割合が50％以上。

・入所者等のうち、喀痰吸引、経管栄養またはインスリン注射が実施された者の占める割合が50％（Ⅰ型介護医療院（Ⅱ）（Ⅲ）では、30％）以上。

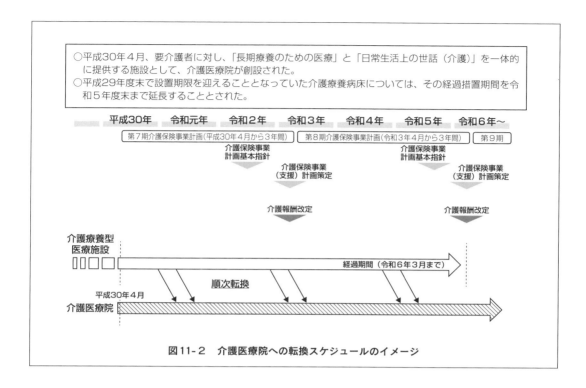

○平成30年4月、要介護者に対し、「長期療養のための医療」と「日常生活上の世話（介護）」を一体的に提供する施設として、介護医療院が創設された。
○平成29年度末で設置期限を迎えることとなっていた介護療養病床については、その経過措置期間を令和5年度末まで延長することとされた。

図11-2　介護医療院への転換スケジュールのイメージ

・入所者等のうち、次のいずれにも適合する者の占める割合が10%（Ⅰ型介護医療院（Ⅱ）（Ⅲ）では、5%）以上。

　①医師が一般に認められている医学的知見に基づき回復の見込みがないと診断した者であること。

　②入所者等またはその家族等の同意を得て、入所者等のターミナルケアに係る計画が作成されていること。

　③医師、看護職員、介護職員等が共同して、入所者等の状態または家族の求め等に応じ随時、本人またはその家族への説明を行い、同意を得てターミナルケアが行われていること。

・生活機能を維持改善するリハビリテーションを行っていること。

・地域に貢献する活動を行っていること。

●Ⅱ型介護医療院

・下記のいずれかを満たすこと

　①喀痰吸引もしくは経管栄養が実施された者の占める割合が15%以上

　②著しい精神症状、周辺症状もしくは重篤な身体疾患が見られ専門医療を必要とする認知症高齢者（認知症の日常生活自立度M）の占める割合が20%以上

　③著しい精神症状、周辺症状もしくは重篤な身体疾患または日常生活に支障を来すような症状・行動や意志疎通の困難さが頻繁に見られ専門医療を必要とする認知症高齢者

（認知症の日常生活自立度Ⅳ以上）の占める割合が25％以上
・ターミナルケアを行う体制があること

　介護医療院の入所者の平均要介護度は4.1であり、入所者の4割強が要介護5、4割弱が要介護4である。入所者は、医療機関からの入所が約8割であり、退所者の約半数は死亡による退所である（図11-3）。
　2021（令和3）年度改定において、介護医療院について、医療の必要な要介護者の長期療養施設としての機能および生活施設としての機能をより充実させる観点から、療養病床における長期入院患者を受け入れ、生活施設としての取り組みを説明し、適切なサービス提供を行うことを評価する加算が新設された。また、介護医療院の薬剤管理指導について、介護の質の向上に係る取り組みを一層推進する観点から、CHASEへのデータ提出とフィードバックの活用によるPDCAサイクルの推進・ケアの向上を図る評価が新設された。

　介護医療院の収支差率（2019年度決算　税引前）は5.2％、収入に対する給与費の割合は59.4％である。

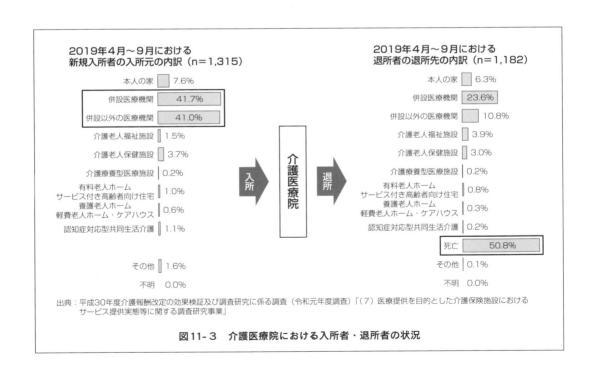

図11-3　介護医療院における入所者・退所者の状況

確 認 問 題

問題 1

（ア）～（エ）において、介護老人福祉施設、介護老人保健施設、介護療養型医療施設、介護医療院のすべてに共通する、法令上の施設目的はどれか。

（ア）要介護者を対象とすること
（イ）機能訓練を行うこと
（ウ）日常生活上の世話を行うこと
（エ）必要な医療を行うこと

［選択肢］

①（ア）（イ）（ウ）（エ）

②（ア）（イ）（ウ）

③（ア）（ウ）（エ）

④（ア）（イ）

⑤（イ）（ウ）

解答
1

④

解説
1

　要介護者に対し機能訓練を行うことがすべての施設に共通する施設目的であり、日常生活上の世話は介護療養型医療施設以外の施設に共通し（介護療養型医療施設では「医学的管理下での世話」）、必要な医療は介護老人福祉施設以外の施設に共通（介護老人福祉施設では「健康管理」）する施設目的である。

【図版出典一覧】

図1-1、図1-2、図1-3、図1-4、図1-5、図3-2
　　　…………第178回社会保障審議会介護給付費分科会資料

図1-6、図11-1、図11-2、図11-3…………第194回社会保障審議会介護給付費分科会資料

図2-1…………第177回社会保障審議会介護給付費分科会資料

図2-2…………第46回社会保障審議会介護保険部会資料

図2-3…………厚生労働省ホームページ「地域ケア会議について」

図2-4…………第191回社会保障審議会介護給付費分科会資料

図3-1…………厚生労働省ホームページ「介護報酬について」

図3-3…………厚生労働省ホームページ「要介護認定の仕組みと手順」

図4-1、図4-2、図4-3、図9-1、図9-2…………第182回社会保障審議会介護給付費分科会資料

図4-4、図4-5、図4-6、図5-4、図7-1、図7-2
　　　…………第193回社会保障審議会介護給付費分科会資料

図5-1、図5-2、図5-3。図5-5、図6-1…………第180回社会保障審議会介護給付費分科会資料

図10-1、図10-2、図10-3、図10-4、図10-5
　　　…………第179回社会保障審議会介護給付費分科会資料

おわりに LIFE図…………第185回社会保障審議会介護給付費分科会資料

索　引

［数字・アルファベット］

Ⅰ型介護医療院・・・・・・・・・・・・・・・・・ 116, 117

Ⅱ型介護医療院・・・・・・・・・・・・・・・・・・・・117

［い］

医療連携体制加算・・・・・・・・・・・・・・・ 107, 108

［か］

介護医療院

　・・・・ 31, 35, 54, 64, 68, 74, 75, 115〜118

介護医療院への移行支援策・・・・・・・・・・・116

介護支援専門員・・・・・・・・・・・・・・・・・・・・・・・

　21, 23, 36〜39, 75, 90, 94〜98, 102, 106, 108

介護人材の確保・・・・・・・・・・・・・・・・・・ 10, 12

介護相談員・・・・・・・・・・・・・・・・・・・・・・・・・41

介護付きホーム・・・・・・・・・・・・・ 26, 102, 103

介護DB（介護保険レセプト情報等の

　データベース）・・・・・・・・・・・・・・・・・9

介護認定審査会・・・・・・・・・・・・・・・・・ 36, 37

介護福祉士・・・・・・・・ 7, 12, 38, 40, 41, 47, 49

介護療養型医療施設

　・・・・・・・・・・・ 12, 30, 31, 35, 75, 115, 116

介護老人福祉施設

　・・・・・・・・・・・・ 31, 35, 64, 112, 113, 116

介護老人保健施設・・・・・・・・・・・・・・・・・・・

　30, 31, 35, 54, 64, 66, 68, 74, 75, 114〜116

介護予防サービス計画・・・・・・・・・・・・・・・94

介護予防支援・・・・ 34, 35, 38, 94, 95, 97, 98

介護予防・日常生活支援総合事業・・・・・・20

看護小規模多機能型居宅介護

　・・・・・・・・・・・・・・・・・・ 31, 35, 80, 82, 83

［き］

居宅介護支援

　・・・・・ 31, 35, 37〜39, 55, 56, 89, 94〜98

居宅サービス計画（ケアプラン）

　・・・・・・・・・・ 12, 36, 37, 94〜98, 102, 123

居宅療養管理指導・・・・ 12, 25, 35, 42, 55, 56

緊急短期入所受入加算・・・・・・・・・・・・ 74, 75

［く］

グループホーム・・・・・・・・・・・・ 35, 106, 107

［け］

ケアプラン（居宅サービス計画）・・・ 94, 95

ケアマネジメント

　・・・・・・・ 18, 20, 21, 23, 38, 39, 54, 97, 98

ケアマネジャー・・・・・・・・ 18, 23, 37〜39, 95

軽費老人ホーム（ケアハウス）・・・・ 94, 102

月額支給限度額・・・・・・・・・・・・・・・・・・・32

［こ］

高額医療・高額介護合算療養費制度・・・・32

高額介護サービス費支給制度・・・・・・・・・32

高額療養費制度・・・・・・・・・・・・・・・・・・・・32

高齢者住宅改修費用助成制度・・・・・・・・・・90

[さ]

サービス付き高齢者向け住宅････ 22, 102
サテライト型･･･････････ 82, 108, 112, 113

[し]

社会福祉連携推進法人･･･････････････8
住宅型有料老人ホーム････････････102
主治医意見書････････････････ 36, 37
主任介護支援専門員･･･････････ 21, 39, 94
小規模多機能型居宅介護
　････････ 31, 35, 74, 75, 80〜83, 96, 106
人生の最終段階における医療・
　ケアの決定プロセス ･････････ 25, 26

[た]

第1号保険料･･････････････････ 2, 3
第2号保険料･･････････････････ 2, 3
多職種連携････････････････････11
単位制･･････････････････････30
短期入所生活介護････ 31, 35, 72, 74, 75, 83
短期入所療養介護･････ 31, 35, 74, 75, 83
短期利用居宅介護費･･･････････････80

[ち]

地域医療連携推進法人････････････8
地域共生社会･･･････････････ 8, 25, 63
地域ケア会議････････････ 21〜23, 60, 64
地域包括ケアシステム
　･･････････ 9, 10, 16〜23, 25, 26, 122
地域包括支援センター
　････････ 18, 20, 22, 23, 32, 39, 90, 94

地域密着型介護老人福祉施設
　････････････ 31, 35, 64, 112, 113
地域密着型通所介護
　････････ 25, 31, 35, 60, 61, 63, 98
地域密着型特定施設入居者生活介護
　････････････ 31, 35, 102, 104

[つ]

通所介護･･･ 10, 25, 31, 35, 60, 61, 63, 68, 98
通所リハビリテーション
　･･･････････ 31, 35, 54, 66〜68

[て]

定期巡回・随時対応型訪問介護看護
　･･････････････････ 31, 35, 49

[と]

特定施設入居者生活介護
　･･･････････ 31, 35, 102〜105
特定福祉用具販売･･･････････ 35, 88
特別養護老人ホーム･･･64, 72, 106, 112, 113

[に]

認知症サポーター･････････････････41
認知症対応型共同生活介護
　（グループホーム）･･･ 31, 35, 64, 106, 108
認知症対応型通所介護･････ 31, 35, 64, 65

[ふ]

福祉用具情報システム･･･････････････89
福祉用具専門相談員･･････････ 26, 41, 89
福祉用具貸与･･･････････ 30, 35, 88, 89, 98

[ほ]

包括的支援事業‥‥‥‥‥‥‥‥‥‥‥‥20

訪問介護‥‥‥ 12, 26, 31, 40, 46～51, 96, 98

訪問介護員‥‥‥‥‥‥‥‥ 40, 46～48, 50

訪問看護‥‥‥‥‥‥‥‥‥‥‥‥‥‥‥

　　18, 31, 35, 42, 49, 52, 53, 60, 82, 103, 108

訪問入浴介護‥‥‥‥‥‥‥‥‥ 31, 35, 51

訪問リハビリテーション

　　‥‥‥‥‥‥‥‥‥‥ 31, 35, 42, 54, 122

[や]

夜間対応型訪問介護‥‥‥‥‥‥ 31, 35, 50

[ゆ]

ユニット型‥‥‥‥‥‥‥‥‥‥‥‥‥112

[よ]

要介護認定‥‥‥‥‥‥‥‥‥ 5, 36, 37, 39

養護老人ホーム‥‥‥‥‥‥‥‥‥ 64, 102

[り]

利用者負担額‥‥‥‥‥‥‥‥‥‥‥‥32

療養通所介護‥‥‥‥‥‥‥‥‥‥ 62, 63

[れ]

レスパイト‥‥‥‥‥‥‥‥‥‥‥ 74, 82

おわりに

●質の飛躍的向上、技術の汎用化、現場の省力化が期待される科学的介護の導入・推進

　2021（令和3）年度介護報酬改定は、これまでの介護保険制度改革の集大成として、地域包括ケアシステムの推進など5つの柱について、細部に手の届く改正が重ねられているが、介護報酬の構造が変わるほどの大きな見直しは行われていない。しかしながら、介護保険事業の発展の方向性に影響する画期的な仕掛けとして「科学的介護」の理念が導入されている。科学的介護の取っ掛かりの部分（データ提出とフィードバック）の評価にとどまっているが、介護サービス事業者ごとの経験を踏襲してしか実施されていなかった介護サービスが、科学的介護の理念の普遍化とともに、全国的な経験がフィードバックされた実効性の高い介護サービスへと変革していくことが期待できる。

　科学的介護とは、蓄積した介護情報を活用し、客観的根拠に基づいた介護情報を現場にフィードバックすることである。すでにEBM（科学的根拠に基づいた医療）の理念が普遍化している医療現場では、数多くの症例の経験が論文などで共有され、客観的で効果の高い方法を医療者が学び、患者にも示すことができている。それに対し、介護サービスの利用者には、選択したサービスの効果についての情報が何もなく、利用者は提供されたサービスが適正なものであるのか否かがわからないまま、事業者に自身の経過を委ねている現状である。

　介護サービスは利用者の自立支援や重度化防止のために行われているサービスであるが、経験や感覚に頼る介護サービスの提供では、自立するか重症化してゆくかは運任せである。利用者に評価される時代とならない限りは、介護事業はひとりよがりの事業であり、質的向上は望めない。

　2017（平成29）年、厚生労働省「科学的裏付けに基づく介護に係る検討会」で科学的介護を推進していくことが決められ、介護に関するサービス・状態等を収集するデータベースを運用することとなった。通所・訪問リハビリテーションのデータ収集システムである「VISIT」（2018年介護報酬改定から導入）と、高齢者の状態やケアの内容等のデータ収集システム「CHASE」がデータベースとして開発されているが、一体的な運営のためにVISITとCHASEが統合され、2021年4月から「LIFE」（Long-term care Information system For Evidence）という名前で運用されている（図）。情報を収集するには介護現場の協力が必要であるので、データの提供とフィードバックを受けることを条件とした科学

的介護推進体制加算が設けられている。

　蓄積されたデータに基づいた科学的に効果が認められた介護ケアは、現場にフィードバックされることで、効率的、効果的なケアプランの作成に資するが、ケアプランに示された個々のプログラムについて、経験が浅いスタッフでも効果の高い介護サービスを提供できるようになる。また、実践的にPDCAサイクルを回すことも可能となり、介護事業の質は飛躍的に向上する。データベースが成長すれば、AIや介護ロボット、見守りセンサー等との連携により、介護現場の省力化も期待できる。

　科学的介護を突き詰めれば、医療・介護の連携の優先度は一段と高まっていくはずである。利用者の自立支援と重度化防止は介護事業者の努力だけでは限界があり、医療との連携によって初めて効果を得ることができることは、すでに根拠を得た科学的事実でもある。今後は、介護事業者のPDCAサイクルが空回りしないよう、科学的介護の普及に同期して、介護事業発展の車の両輪として、医療・介護の連携を進めていかなければならない。

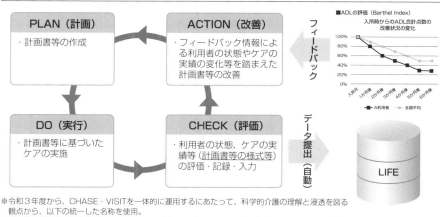

○計画書の作成等を要件とするプロセス加算において実施するPDCAサイクルの中で、
　・これまでの取組み等の過程で計画書等を作成し、ケアを実施するとともに、
　・その計画書等の内容をデータ連携により大きな負荷なくデータを送信し、
　・同時にフィードバックを受けることにより、利用者の状態やケアの実績の変化等を踏まえた計画書の改善等を行うことで、
　データに基づくさらなるPDCAサイクルを推進し、ケアの質の向上につなげる。

※令和3年度から、CHASE・VISITを一体的に運用するにあたって、科学的介護の理解と浸透を図る観点から、以下の統一した名称を使用。
科学的介護情報システム（Long-term care Information system For Evidence;LIFE ライフ）

図　LIFE（VISIT・CHASE）による科学的介護の推進（イメージ）

著者紹介

橋爪　章 (はしづめ・あきら)

1954年生まれ。医療法人弘恵会ヨコクラ病院在宅支援センター長。日本医療経営実践協会九州支部支部長。山口大学医学部卒業。厚生省(現・厚生労働省)へ医系技官として入省し、母子保健、地域医療、病院指導、薬務、厚生科学、地域保健などの行政に従事。米国社会福祉省での研修、神奈川県、和歌山県、広島市、国際協力機構(JICA)への出向、タイ王国保健省への派遣などで実務経験を重ねる。国立精神・神経センター武蔵病院長を最後に退官し、2015年6月まで初代保健医療経営大学学長。医療に関する業績としては、わが国への病院機能評価の導入に尽力。

医療経営士●中級【専門講座】テキスト4［第5版］

医療・介護の連携——地域包括ケアと病院経営

2021年8月18日　第5版第1刷発行

著　　　者　橋爪　章
発　行　人　林　　諄
発　行　所　株式会社 日本医療企画
　　　　　　〒104-0032　東京都中央区八丁堀3-20-5　S-GATE八丁堀
　　　　　　TEL 03-3553-2861（代）　　http://www.jmp.co.jp
　　　　　　「医療経営士」専用ページ　http://www.jmp.co.jp/mm/
印　刷　所　図書印刷 株式会社

『医療経営士テキストシリーズ』全40巻

初　級・全8巻

（1）医療経営史——医療の起源から巨大病院の出現まで［第3版］

（2）日本の医療政策と地域医療システム——医療制度の基礎知識と最新動向［第4版］

（3）日本の医療関連法規——その歴史と基礎知識［第4版］

（4）病院の仕組み／各種団体、学会の成り立ち——内部構造と外部環境の基礎知識［第3版］

（5）診療科目の歴史と医療技術の進歩——医療の細分化による専門医の誕生、総合医・一般医の役割［第3版］

（6）日本の医療関連サービス——病院を取り巻く医療産業の状況［第3版］

（7）患者と医療サービス——患者視点の医療とは［第3版］

（8）医療倫理／臨床倫理——医療人としての基礎知識

中　級［一般講座］・全10巻

（1）医療経営概論——病院経営に必要な基本要素とは［第2版］

（2）経営理念・経営ビジョン／経営戦略——戦略を実行するための組織経営

（3）医療マーケティングと地域医療——患者を顧客としてとらえられるか［第2版］

（4）医療ICTシステム——ヘルスデータの戦略的活用と地域包括ケアの推進［第2版］

（5）組織管理／組織改革——改革こそが経営だ！［第2版］

（6）人的資源管理——ヒトは経営の根幹［第2版］

（7）事務管理／物品管理——コスト意識を持っているか？［第2版］

（8）病院会計——財務会計と管理会計

（9）病院ファイナンス——資金調達の手法と実務

（10）医療法務／医療の安全管理——訴訟になる前に知っておくべきこと［第2版］

中　級［専門講座］・全9巻

（1）診療報酬制度と医業収益——病院機能別に考察する戦略的経営［第5版］

（2）広報・広告／ブランディング——集患力をアップさせるために

（3）管理会計の体系的理解とその実践——原価計算の手法から原価情報の活用まで

（4）医療・介護の連携——地域包括ケアと病院経営［第5版］

（5）先駆的事例に学ぶ経営手法の新戦略——市場・非市場戦略の実践と内部資源確保に向けて

（6）多職種連携とシステム科学——異界越境のすすめ

（7）業務改革——病院活性化のための効果的手法

（8）チーム医療と現場力——強い組織と人材をつくる病院風土改革

（9）医療サービスの多様化と実践——患者は何を求めているのか［第2版］

上　級・全13巻

（1）病院経営戦略論——経営手法の多様化と戦略実行にあたって

（2）バランスト・スコアカード——その理論と実践

（3）クリニカルパス／地域医療連携——医療資源の有効活用による医療の質向上と効率化

（4）医工連携——最新動向と将来展望

（5）医療ガバナンス——医療機関のガバナンス構築を目指して

（6）医療品質経営——患者中心医療の意義と方法論

（7）医療情報セキュリティマネジメントシステム（ISMS）

（8）医療事故とクライシスマネジメント——基本概念の理解から危機的状況の打開まで

（9）DPCによる戦略的病院経営——急性期病院経営に求められるDPC活用術

（10）経営形態——その種類と選択術

（11）医療コミュニケーション——医療従事者と患者の信頼関係構築

（12）保険外診療／附帯事業——自由診療と医療関連ビジネス

（13）介護経営——介護事業成功への道しるべ

※タイトル等は一部予告なく変更する可能性がございます。